Sabedoria do deserto

Dados Internacionais de Catalogação na Publicação (CIP)
(Câmara Brasileira do Livro, SP, Brasil)

Grün, Anselm
   Sabedoria do deserto : 52 histórias de monges para uma vida plena / Anselm Grün ; tradução de Uwe Wegner. Petrópolis, RJ : Vozes, 2017.

   Título original : Weisheit aus der Wüste : 52 Mönchsgeschichten zum guten Leben
   Bibliografia.

   5ª reimpressão, 2025.

   ISBN 978-85-326-5506-6

   1. Espiritualidade 2. Monaquismo 3. Vida cristã 4. Vida religiosa e monástica I. Título.

17-04586 CDD-248.481

Índices para catálogo sistemático:
1. Vida plena : Guias de vida cristã : Cristianismo
   248.481

ANSELM GRÜN

Sabedoria do deserto

52 histórias de monges para uma vida plena

Tradução de Uwe Wegner

EDITORA VOZES

Petrópolis

© 2015, Verlag Herder GmbH, Freiburg im Breisgau
Anselm Grün

Tradução do original em alemão intitulado *Weisheit aus der Wüste –*
52 Mönchsgeschichten zum guten Leben

Direitos de publicação em língua portuguesa – Brasil:
2017, Editora Vozes Ltda.
Rua Frei Luís, 100
25689-900 Petrópolis, RJ
www.vozes.com.br
Brasil

Todos os direitos reservados. Nenhuma parte desta obra poderá ser reproduzida ou transmitida por qualquer forma e/ou quaisquer meios (eletrônico ou mecânico, incluindo fotocópia e gravação) ou arquivada em qualquer sistema ou banco de dados sem permissão escrita da editora.

CONSELHO EDITORIAL

Diretor
Volney J. Berkenbrock

Editores
Aline dos Santos Carneiro
Edrian Josué Pasini
Marilac Loraine Oleniki
Welder Lancieri Marchini

Conselheiros
Elói Dionísio Piva
Francisco Morás
Teobaldo Heidemann
Thiago Alexandre Hayakawa

Secretário executivo
Leonardo A.R.T. dos Santos

PRODUÇÃO EDITORIAL

Anna Catharina Miranda
Eric Parrot
Jailson Scota
Marcelo Telles
Mirela de Oliveira
Natália França
Priscilla A.F. Alves
Rafael de Oliveira
Samuel Rezende
Verônica M. Guedes

Editoração: Gleisse Dias dos Reis Chies
Diagramação: Sheilandre Desenv. Gráfico
Revisão gráfica: Nilton Braz da Rocha
Ilustrações de miolo: Conforme edição original alemã.
Capa: Ygor Moretti

ISBN 978-85-326-5506-6 (Brasil)
ISBN 978-3-451-00659-3 (Alemanha)

Este livro foi composto e impresso pela Editora Vozes Ltda.

Sumário

Introdução, 9

1 Iniciar, 19

2 De manhã, 21

3 Sem tédio, 24

4 Sobre a humildade, 26

5 Jejum verdadeiro, 28

6 O amor de Deus pelos seres humanos, 30

7 Oração incessante, 32

8 Inquietação interior, 34

9 A pedra fundamental, 36

10 Teus pecados, meus pecados, 38

11 Asno guloso, 41

12 Cão feroz, 43

13 A ajuda que vem do luto, 45

14 Sem desculpas, 48

15 Sementes não selecionadas, 50

16 Perda de valor, 52

17 O roubo, 54

18 Perdão, 56

19 Tempo e medida, 58

20 Permanecer no chão, 61

21 Vida e obra, 63

22 Somente uma vez, 65

23 Meu pensamento, teu pensamento, 67

24 No espelho, 69

25 O exame de prestação de contas, 72

26 Batalha espiritual, 74

27 Difamação, 77

28 Momento oportuno, 79

29 Casa limpa, 81

30 Experiência com anjos, 83

31 O que sustenta, 85

32 Pequenos mandamentos, 87

33 Salvos sem esforço, 90

34 Pensamentos como camundongos, 92

35 O inimigo, 95

36 As quatro ferramentas, 97

37 Apego, 100

38 Curar e salvar, 102

39 União, 104

40 Viga e haste de palha, 106

41 Pensamentos como vento, 108

42 Cântico espiritual, 110

43 Mania de notoriedade transformada, 112

44 Ciúme, 114

45 Somente para si, 116

46 Exercitar silêncio, 118

47 Fontes de água fresca, 121

48 Compaixão para com os fracos, 124

49 O pensamento anterior, 126

50 O cochilo, 128

51 Chorar e rir, 130

52 Buscar a Deus!, 132

Glossário, 135

Fontes, 143

Referências, 145

Introdução

Certas perguntas são atemporais. A pergunta como a nossa vida pode ser bem-sucedida diante da incerteza da existência mexe conosco hoje do mesmo modo que mexeu com as pessoas da Antiguidade. Quem a faz distancia-se da lida do dia a dia. Essa pessoa também não se contenta com ofertas superficiais e com eventualidades, buscando, antes, uma visão do todo e a percepção do fundamento da existência. Na Antiguidade foram, de forma especial, os filósofos que se confrontaram com a pergunta por uma vida bem-sucedida. Mas não só eles. Também sempre existiram pessoas espiritualmente inspiradas que procuravam distância do mundo real com vistas à descoberta do mundo interior. Mais ou menos entre o terceiro e sexto séculos, muitos homens e mulheres retiraram-se para o deserto. Eram pessoas que haviam experimentado a fragilidade de sua existência, que as levou a uma crise, fazendo com que procurassem no isolamento caminhos para defrontar-se com sua própria verdade. Diante dessa experiência, elas tinham a intenção de redirecionar suas vidas. Defrontando-se com a solidão e com o rigor da vida no deserto, almejavam encontrar paz interior. Isso fez deles, até hoje, um exemplo para muitas pessoas.

"Pais" ou "Padres" do deserto é uma expressão que surgiu posteriormente como designação para esses monges cristãos primitivos que, a partir do final do terceiro século, levaram uma vida reservada, determinada por ascese, oração e trabalho nos desertos do Egito, da Palestina e da Síria, na condição de cenobitas – seja individualmente, como eremitas, seja em grupos. Inicialmente eles fugiram da perseguição, sendo que mais tarde esses "anacoretas" foram – numa tradução informal, mas nem por isso totalmente errônea – "retirantes" que viviam isolados em eremitérios, isso num tempo em que as grandes cidades se tornavam cada vez mais pomposas, o cristianismo passava a ser religião do Estado e antigas famílias poderosas se apropriavam da organização da Igreja.

Tão distintas como as razões históricas eram também as razões de ordem biográfica e as respectivas motivações dessas pessoas. O primeiro desses anacoretas provavelmente foi Santo Antão, ou Antônio, apelidado de "O Grande" (cerca de 251-356), filho de prósperos agricultores cristãos do Médio Egito, que doou seu patrimônio e se retirou para a solidão. Arsênio, ao contrário, provinha de uma casta senatorial romana e era funcionário na corte imperial. Ele não conseguiu mais aguentar a superficialidade da vida praticada na corte com suas intrigas e se dirigiu para o deserto. Outros haviam assassinado uma pessoa, tendo se arrependido do ato que haviam praticado. A saída que eles visualizavam era a de ir para o deserto, lamentar a ação praticada e reiniciar uma vida completamente nova. Outros ainda eram coagidos interiormente a irem para o deserto em virtude de uma experiência espiritual profunda.

Os Padres do Deserto, familiarizados com a fragilidade da vida humana, que haviam experimentado no próprio corpo, encontraram para si uma maneira própria de lidar com isso, buscando um sentido para sua existência. Eles se entendiam como batalhadores, como atletas. Segundo a compreensão do mundo antigo, "atletas" são competidores que vivem de modo bem especial e determinado para poderem vencer, tendo no treino e nos exercícios o foco central. A força que emanava desses "atletas espirituais" contagiou muitas pessoas que se encontravam em processo de busca na época, chegando a fasciná-las a ponto de quererem trilhar um caminho semelhante. Muitos, entretanto, que não estavam dispostos a se envolver com esses exercícios estafantes, também peregrinavam até esses excêntricos homens e mulheres que levavam uma vida radicalmente diferente, em simplicidade e em rigorosa ascese. Vinham para ouvir seus conselhos, quando eles próprios não mais sabiam o que fazer da vida. Algumas das pessoas que chegavam, contudo, também se encontravam imbuídas da vontade de sensacionalismo, fazendo perguntas oriundas da curiosidade e querendo vangloriar-se e exibir-se com as respostas dos Pais monjes. Os Pais do Deserto, porém, tinham uma sensibilidade acurada para saber se alguém se encontrava realmente num problema existencial, precisando de uma palavra orientadora que pudesse indicar um caminho para tirá-lo de uma crise vivencial, ou se a pessoa havia chegado unicamente por *voyeurismo* ou avidez por sensacionalismo. Por mais que tais inquiridores se esforçassem para convencê-los da importância que atribuíam às suas palavras, eles negavam uma resposta e se conservavam mudos. Eles não se deixavam usar e só falavam com quem julgavam ser capaz de colocar suas palavras em prática.

Isso vale também para nós na atualidade. Esse mundo excêntrico dos monges permanecerá distante e incompreensível para nós se nos aproximarmos dele por mera curiosidade. Suas palavras só se constituirão, realmente, remédio para nós se confiarmos naquilo que eles têm para nos dizer e se encararmos suas palavras como um espelho, pelo qual reconhecemos nossa própria fragilidade, nosso próprio risco e tentação. Nesses casos, então, experimentaremos os Pais antigos como seres que podem "curar e salvar" nossas almas, como externou Antônio em relação ao antigo Pai Pafúncio. Portanto, as histórias dos monges ainda hoje querem revelar-nos nossa própria condição psíquica. Ao mesmo tempo, elas querem nos apontar caminhos para sabermos como lidar com nossos pensamentos e emoções.

Os Pais do Deserto viviam num lugar que era tudo, menos um refúgio tranquilo para almas necessitadas de descanso. Deserto representava para eles também local de domínio dos demônios. Ali, de uma maneira nova e ainda mais intensa, eles encontravam todos os perigos que haviam experimentado no mundo. Eles lutavam constantemente com os *"logismoi"*, com pensamentos e sentimentos, com paixões e necessidades que os atormentavam. A palavra *"logismos"* é difícil de ser traduzida corretamente. Pode-se unicamente circunscrevê-la com palavras como insinuações interiores, sugestionamentos, desculpas, brincadeiras com ideias, pensamentos passionais, pensamentos irrequietos, divagações, devaneios inúteis (cf. SCHWEIZER, vol. 16, p. 535). Os monges lutavam com esses pensamentos para não serem dominados por eles. O objetivo de sua luta era libertar-se deles e encontrar sua tranquilidade interior. Pois a meta de sua vida era a serenidade do coração – *hesychia* –, um estado de paz interior, no qual percebiam Deus em seu coração. Os monges haviam ido ao deserto à procura de Deus. E eles experimentavam: quando descubro Deus em mim, então obtenho tranquilidade. Esta é a noção a que chegaram, válida também para nós hoje: o caminho até essa tranquilidade interior passa pelo confronto com os pensamentos e as paixões. Existe em nós um lugar de silêncio, no qual Deus mora. Mas é preciso atravessar primeiro o caos de nossos pensamentos, paixões e emoções, para podermos chegar até esse local no fundo da alma.

O deserto representava para os monges também o lugar da tentação. No que se refere a esse aspecto, eles se entendiam ligados a Jesus, que passou 40 dias no deserto, sendo ali tentado pelo diabo. Entretanto, a vitória sobre a tentação capacitou Jesus a pregar sua mensagem sobre o Reino de Deus de tal forma, que não ficou obscurecida por propósitos pessoais secundários, pela tendência de mostrar-se como alguém interessante. Assim sendo, os monges tinham por objetivo purificar-se no deserto de todos os maus impulsos interiores. Esclarecimentos e decisões são perseguidos nessa caminhada. A meta de sua vida era a pureza do coração. Também isso permanece atual: a pureza de coração não significa ser pessoa sem erros. Ela descreve, isto sim, uma clareza interior, na qual seu pensar e sentir não mais se encontram atribulados por projeções, tendências e propósitos egocêntricos.

Se hoje falarmos em deserto e desertificação em sentido figurado, pensamos em estados interiores, em devastação de alma, em experiências-limite extremas e ameaçadoras. Também empregamos o termo em sentido figurado quando pessoas sofrem sob o "deserto de pedras" de nossas despersonalizadas cidades. As pessoas experimentam desertificação interior como vazio, abandono, solidão. No sentido espiritual, portanto, ainda hoje podemos entender "deserto" como um local que desafia e cobra algo de nós, mas que também nos permite visualizar um objetivo. Como nos relatos bíblicos, o deserto pode se transformar, inclusive, no local em que Deus comprova seu poder e sua graça. Os monges estavam convictos: se eu tomar posição diante da devastação da minha alma e do perigo que corro interiormente, experimentarei o deserto como lugar em que estou especialmente próximo de Deus. O povo de Israel experimentou o deserto como o lugar da promessa e sua peregrinação pelo deserto como um tempo em que se encontrava particularmente próximo de Deus. Dessa forma, também para os monges o deserto se transformou no lugar em que a soberania de Deus se tornou perceptível; ele se transformou em paraíso. Isso também representa promessa para nós: que os monges nos indiquem um caminho de como nossa desolação pode ser transformada, de como o deserto pode se converter no jardim do paraíso, no qual, como Adão e Eva, vivamos de maneira confiante em Deus.

Algumas pessoas acusam os Pais do Deserto de egoístas: eles teriam se retirado do mundo para poder se dedicar exclusivamente à salvação de sua própria alma. Na verdade, em sua retirada, os monges se sentiram simultaneamente solidários com todas as pessoas. Eles pensavam que, se conseguissem vencer os demônios em seu próprio âmbito de soberania, também poderiam dar uma contribuição para a humanização da sociedade. Sua convicção era: se ali onde eles lutam a claridade ficar mais evidenciada, então também em todo o mundo haverá mais claridade. Os monges que iam para o deserto a fim de se exporem radicalmente ao confronto com os *logismoi* nunca entenderam essa luta como coisa privada, mas como tarefa a serviço do mundo, a fim de que, por meio deles, o mundo se tornasse mais humano e caloroso.

Também isso é uma imagem para nós e para a atualidade. Conheço muitas pessoas que dizem: "Que sentido tem minha luta? Não quero mais viver. Sofro de dores crônicas. Não consigo suportá-las". Ou: "Sofro de depressão. Sou um peso para os que me rodeiam". Os monges diriam: "Se transformares a escuridão em luz ali onde te encontras, conseguirás dar uma contribuição para todo o mundo. Se lidares com tuas dores crônicas de maneira a transformá-las em porta de entrada para o amor de Deus, então te tornarás uma bênção para os outros. Se aceitares tua depressão e deixares que ela seja perpassada pela luz de Jesus, também transformarás o teu entorno, o que igualmente fará um bem para as pessoas que convivem contigo". Tudo o que fazemos sempre já o fazemos na solidariedade para com outras pessoas.

As histórias sobre os Pais do Deserto e sobre suas palavras, que essas histórias nos transmitem, têm uma idade aproximada de 1.600 anos. Muitos talvez pensarão: "O que esses textos antigos têm a nos dizer ainda hoje? Nossa situação não é totalmente diferente?" É verdade que, de fato, nada conseguimos fazer com certas práticas ascéticas na atualidade. E sua aspereza tem a tendência de nos afastar ou nos dá a sensação de jamais podermos atingir seu radicalismo. Contudo, não se trata de copiar os Pais do Deserto.

Nisso, de qualquer forma, não teríamos sucesso. Não obstante, foram justamente aquelas pessoas que pesquisaram a própria alma na solidão do deserto e no encontro com seus coirmãos e coirmãs, que, na atualidade, ainda têm algo a nos dizer. Os Pais e as Mães do Deserto analisaram sua alma com tal radicalidade, que seguramente se assemelham às análises da atual psicanálise. Eles olharam para dentro dos abismos da alma, dos seus perigos e divisões. Eles, porém, eram "atletas", e isso justamente no sentido de terem tido vontade de lutar contra tudo o que os ameaçava. Sua ascese não representava negação da vida, mas era impregnada pela vontade de viver e pela fé otimista no sentido de que mesmo o mais profundo fracasso do ser humano pode, mediante o exercício diário da ascese e do encontro com Deus, tornar-se permeável para Ele. Justamente por terem se confrontado com as profundezas de sua alma, os monges se libertaram de emitir juízos sobre outras pessoas. Nessas histórias nos deparamos constantemente com a exigência de nunca julgar os outros. Quem conheceu a si próprio não tem mais necessidade de julgar outras pessoas, pois ele vê retratadas nos erros e nas fraquezas delas as possibilidades da própria alma.

Nas antigas histórias dos monges aqui apresentadas não se trata, entretanto, unicamente de autoconhecimento e análise de estados interiores da alma, mas também de transformação e cura. Como pode ser curada minha alma frágil e ferida? Se lermos as palavras desses mestres espirituais no contexto de nossas próprias feridas, elas falarão diretamente ao nosso coração machucado, permitindo que tenhamos esperança na cura de nossas feridas. As próprias palavras têm um efeito curativo se as deixarmos entrar em nós com profundidade.

Em alguns livros, sobretudo em escritos anteriores menores, já citei e interpretei muitos ditos dos Pais (*Apophtegmata Patrum*) a respeito do silêncio, das insinuações e do trato com o mal, bem como do acompanhamento espiritual junto aos Padres do Deserto.

Para o presente livro escolhi, sobretudo, ditos que anteriormente ainda não abordei e que me tocaram pessoalmente. Como alguns termos que aparecem nos ditos dos Pais são estranhos para certos leitores, expliquei algumas palavras particularmente no anexo.

Assim sendo, desejo a vocês, leitores e leitoras, que os ditos dos Pais vos sejam como espelhos nos quais é possível reconhecer-se novamente. Olhem-se no espelho sem medo e sem se condenar, e tenham a postura dos monges, segundo a qual tudo é permitido. Tudo simplesmente *está* dentro de nós. Não deveríamos nos assustar com isso, mas devemos, sim, nos ocupar com esse fato e colocar diante de Deus tudo o que se encontra dentro de nós, a fim de que sua luz e seu amor possam transformar todo o nosso interior. Os monges nos dizem: "Não somos responsáveis pelos pensamentos e sentimentos que afloram dentro de nós. Todos eles têm direito à existência. Mas somos responsáveis pela maneira como lidamos com eles. Os monges realizaram aquilo que nos aconselha a Carta aos Efésios, ou seja, revelar tudo que se encontra dentro de nós e colocar isso diante da luz de Deus: "Mas tudo isso, uma vez manifesto na luz, fica a descoberto, e tudo o que é descoberto é luz' (Ef 5,13s.). Isto é uma alegre mensagem: a própria culpa, uma vez revelada, pode ser iluminada e transformar-se em luz. Minhas fraquezas e erros, minhas feridas e humilhações podem se tornar porosos à passagem de luz, podem irradiar a luz de Cristo neste mundo, desde que eu não os esconda de mim ou de Deus, mas os mantenha em sua luz. Um caminho para mantê-los na luz de Deus é também a revelação dos pensamentos. Os monges contavam os pensamentos que tinham a um Pai antigo, e, portanto, a um acompanhante espiritual e mestre. Eles confiavam que não seriam avaliados, mas que experimentariam uma ajuda para lidar corretamente com o que pensavam. Assim sendo, esses monges de uma época passada nos encorajam a revelar também nossos pensamentos e sentimentos a uma pessoa, a uma amiga ou um amigo, a um cura d'almas, a uma ou um terapeuta. E se, porventura, alguém não encontrar nenhuma pessoa, pode apresentar tudo a Deus em oração e confiar que sua luz a tudo ilumina e tudo transforma em luz em meu interior.

1

Iniciar

*Sobre **Abbas** Pior, contava o antigo Pai Poimen que todo dia ele fazia um início* (**Apo** 659).

Trata-se de uma história curta de monge; na verdade, de uma única palavra dita por *Abbas* Poimen sobre o *Abbas* Pior mais antigo. Pior era aluno do grande Antônio, o primeiro monge. Ele faleceu por volta do ano 360. A cada dia ele vivia de acordo com as recomendações da Bíblia e, como outros, em rígida ascese, escolhida pessoalmente. Mas o que o caracterizava era o novo começo que ele fazia diariamente. Trata-se, para nós, de uma palavra confortante. Se até esses grandes monges sempre de novo se entendiam unicamente como principiantes a serviço de Jesus, também nós podemos nos sentir entendidos por eles como principiantes. Aliás, também Bento escreve que redigiu sua regra para principiantes.

Ninguém de nós se encontra tão adiantado em sua caminhada espiritual que não necessite diariamente de um novo começo. Iniciar, no entanto, é também uma graça. A cada dia posso iniciar de maneira nova. Não estou preso ao meu passado. "Iniciar" vem de "pegar, enfrentar, pegar na mão". Quando iniciamos, isso significa que nós mesmos tomamos nossa vida nas mãos e a moldamos. Paramos de reclamar que nada podemos fazer, por já sermos marcados pela nossa educação. Nós mesmos temos o poder de decidir o que fazer da nossa vida. Com nossas mãos temos a possibilidade de formar e moldar aquilo que herdamos. Mas somos nós mesmos que devemos colocar mãos à obra; não devemos esperar tudo unicamente de outros.

Todo dia principia com a manhã. O ritmo da natureza também deve se tornar o ritmo de nossa vida. Todo novo dia representa a chance para reiniciar com Deus também interiormente. Não devemos dizer que em nós efetivamente nada muda, que já tentamos muitas vezes fazer tudo de maneira nova. Na palavra sobre o *Abbas* Pior reside o desafio de iniciar de forma nova a cada dia, sem fazer juízo sobre o dia anterior. Independentemente de como temos vivido até o momento, nunca é tarde demais para recomeçar. Mas também para aquele que já muito empreendeu para si e para a sua caminhada espiritual valem as seguintes palavras: não te iludas com aquilo que já conseguiste. Inicia cada dia de maneira nova. Só assim ficarás vivo, só assim corresponderás à exigência de Jesus.

2

De manhã

Quando levantares depois do sono, tua boca deve, inicialmente e de imediato, prestar honras a Deus e entoar cânticos e Salmos, pois a primeira atividade na qual se liga o espírito de manhã cedinho continua por todo o dia como a moagem num moinho, seja de trigo ou de inço. Por isso, deves ser o primeiro a jogar trigo diariamente ali dentro, antes que o teu inimigo jogue inço (**N 592/43**).

Esse dito dos Pais não tem validade só para monges, mas para qualquer cristão. Ele acentua a importância que tem para nós o início do dia. Não devemos simplesmente entrar nos dias aos tropeços. Não devemos pensar primeiramente em nossa agenda, em nossas necessidades ou em conflitos em que nos encontramos. O primeiro pensamento deve estar dirigido a Deus. Porém, não devemos nos limitar a pensamentos, mas verbalizar com a boca uma oração ou de imediato entoar um cântico. É verdade que dificilmente se consegue fazer isso em prédio de apartamentos sem incomodar os vizinhos. Mas uma palavra serena da Bíblia que verbalizarmos de forma audível certamente nos fará bem. Também não há necessidade de ser sempre um Salmo ou uma palavra; também pode ser um gesto, com o qual prestamos honras a Deus. Para mim, trata-se de um bom ritual matinal quando, pela manhã, elevo os braços e abençoo o dia com tudo o que nele há de vir sobre mim. Dessa forma, aquilo que caracterizará o dia será a bênção, e não o medo do diálogo difícil ou do conflito que pesa sobre mim.

O dito dos Pais compara os primeiros pensamentos que nos afloram pela manhã ao enchimento de um moinho. Aquilo que por primeiro jogarmos no moinho, isso ele moerá durante todo o dia. Os primeiros pensamentos com os quais nos ocupamos de manhã passarão durante todo o dia pela nossa cabeça. Por isso, faz parte da higiene da alma ter bons pensamentos pela manhã. Nesse contexto não devemos nos manipular e nos condicionar a ver tudo de forma positiva. Com bons pensamentos o antigo Pai se refere, antes de qualquer coisa, à oração. Devemos dar as honras a Deus; devemos dirigir os olhos para Ele, colocando-o no centro de nossa vida. Ou devemos entoar cânticos piedosos, que passarão a nos acompanhar durante o dia como uma música que não sai da cabeça. Não há necessidade de serem somente cânticos piedosos, também podem ser canções alegres. Conheço pessoas que de manhã, debaixo do chuveiro, começam a cantar aquilo que, no momento, lhes passa pela cabeça. Isso, de qualquer forma, tem efeito mais benéfico do que se preocupar com a eventual superação dos problemas diários. É de nossa responsabilidade a forma como iniciamos o dia. Para tanto são necessários rituais que nos alegrem a cada manhã. Rituais criam um tempo sagrado, e o tempo sagrado nos pertence; a manhã nos pertence. E se organizarmos os primeiros minutos pessoalmente, o dia inteiro nos pertencerá; todo o dia será santificado. Os rituais também nos colocam em contato com o espaço sagrado em nós, ao qual o mundo não tem acesso e do qual ele não pode dispor. Isso nos dá um sentimento de liberdade e serenidade com o qual podemos iniciar o dia. Se pela manhã jogarmos bons pensamentos no moinho do nosso dia, então à noite teremos trigo, que poderá ser usado para a preparação de pão. Ele nos nutrirá e fortalecerá. Se já pela manhã jogarmos inço em nosso moinho, então de noite o resultado será algum tipo de caos. O cheiro será ruim; nós não seremos nutridos. Antes, teremos de nos esforçar de noite para nos desfazer de todo o inço moído.

3

Sem tédio

*Um Padre antigo, chamado Hierax, residiu por 50 anos nas cercanias de Thebais. Os demônios queriam jogá-lo para dentro da **akedia** e deixá-lo lá para o resto de sua vida. Um dia foram até ele e disseram: "O que pretendes fazer, já que ainda precisas viver mais 50 anos?" Ele respondeu: "Vocês me atribularam muito. Preparei-me para mais 200 anos". Então eles foram embora chorando* (**N 33**).

O monge sobre o qual é feita essa narrativa já vivia há 50 anos como eremita no deserto, o que lhe dava uma idade aproximada de 70 anos. Os demônios chegaram e quiseram entristecê-lo ou colocá-lo na *akedia* – essa palavra, de difícil tradução, caracteriza uma postura de apatia, falta de vontade, tédio, náusea em relação à vida. Os demônios sugeriram ao eremita que ele ainda viveria por mais 50 anos. Com isso eles quiseram amedrontá-lo. Pois, com seus 70 anos, o monge poderia prever que o tempo que lhe restava não seria isento de dificuldades. Com essa perspectiva sombria, os demônios pretenderam provocar nele aversão pela vida ou, pelo menos, mergulhá-lo em um estado de falta de vontade e tristeza. Mas o monge debochou deles, afirmando ter se preparado espiritual e psiquicamente para mais 200 anos. Contra tal confiança o poder dos demônios foi anulado. Eles abandonam o local chorando.

Essa história monástica me parece ser altamente atual e também muito útil na discussão sobre a ajuda ativa para a morte. Muitas pessoas atualmente não podem nem querem se imaginar que vão ficar idosas e enfermas; gostariam de controlar até a sua morte; temem pela perda de controle e receiam que sua própria realidade venha à tona na fraqueza da idade ou do processo de morte; temem uma vida demasiadamente longa. Elas só conseguem conceber tal vida como enfermidade e decadência. O monge não tem medo. Ele se preparou interiormente para 200 anos. Isso naturalmente não pode ser realidade em termos biológicos, mas, psicologicamente, dá testemunho de sua força interior. Sua dura vida ascética lhe dá prazer. Ele não faz ideia de tudo o que ainda pretende realizar. É nisso, porém, que hoje em dia muitas vezes as pessoas idosas se agarram. Ou então se encontram ainda muito presas à vida. Nesa história o monge antigo, ao contrário, não está preso à vida. Ele simplesmente vive a sua vida com Deus. Entretanto, essa vida com Deus pode perdurar assim pela eternidade. Em razão disso, também não faz grande diferença para ele se vive com Deus nesta vida ou na vida do além. Independentemente de como se encontre seu estado físico, ele vive com Deus. E por isso não teme mais 200 anos com Deus nesta vida. Ele sabe: sua vida desembocará em Deus, de uma ou de outra forma, mas deixa para Deus a decisão sobre o momento de buscá-lo.

4

Sobre a humildade

Abbas Isaías disse sobre a humildade: "Ela não tem língua para dizer de alguém que ele seja negligente ou, de outro, que ele seja desprezível. Ela não tem olhos para ver os erros dos outros nem ouvidos para ouvir coisas prejudiciais à alma. Ela não se preocupa com outra coisa que não sejam os próprios pecados. Ela é pacífica com todas as pessoas" (J 716).

Conhecemos o perigo que representa nosso gosto de falar sobre outros. Gostamos muito de falar sobre os erros deles. Hoje a psicologia sabe que, aquele que com tanto gosto fala sobre os erros do outro, na verdade está falando sobre si mesmo. Ele quer desviar a atenção dos próprios erros; não só diante dos outros, mas também do seu próprio espírito. Justamente por isso ele gosta de se ocupar mais com os erros alheios. Existem pessoas que veem tudo o que está errado nos outros; têm o olhar direcionado para os erros do próximo, abrindo desmedidamente seus ouvidos assim que escutam alguém falar mal de outra pessoa. Toda a sua conversa gira em torno daquilo que anda mal com outros. Às vezes justificam sua fala diante de si e dos outros afirmando que não pretendem senão o seu bem e que lhes desejam paz. Não obstante, constantemente se detêm nos erros que não lhes pertencem. Para elas vale a palavra que certa vez foi cunhada por Hermann Hesse: "O que não está em nós não nos incomoda". Muitas vezes nos aborrecemos com os outros porque eles vivem nossos próprios lados sombrios. E quanto mais verbalizamos seus erros, mais cegos nos tornamos aos próprios lados sombrios.

A humildade, aliás, não tem, em princípio, nem olhos nem ouvidos para ver e ouvir o negativo em outras pessoas. E quem é humilde também não sente necessidade de falar sobre outrem. Ele só fala sobre si mesmo, sobre os próprios pecados. Nesse sentido, a humildade é a virtude que se vincula à própria fragilidade, que ousa aceitar-se na própria humanidade e limitação. Quem faz isso não precisa espezinhar outras pessoas; torna-se pacífico com todos os demais, e de forma natural, pois se entende solidário com eles. Ora, ele possui os mesmos defeitos que eles. Assim, deseja para si e para os outros que eles possam chegar à paz consigo mesmos. Nesse caso, os erros diminuirão por si só.

5

Jejum verdadeiro

Um irmão disse a Macário: "Pai, fiquei sem comer carne por 30 anos, mas ainda continuo tentado nessa área". O Pai antigo disse a ele: "Não me digas, filho meu, que viveste 30 anos sem comer carne, mas te peço, filho meu, que me digas a verdade: Quantos dias passaste sem falar mal do teu irmão, sem julgar o teu próximo e sem deixar escapar da tua boca uma frase inútil?" O irmão se inclinou e disse: "Reza por mim, Pai, para que eu comece" (J 746).

Em tempos litúrgicos dedicados ao jejum muitos cristãos procuram jejuar. Isso é um bom exercício. Os monges antigos queriam vencer suas paixões fazendo uso dessa prática. O irmão que foi até Macário, um dos grandes Pais antigos, aparentemente ainda tinha necessidade de lutar contra sua sexualidade. Ele pensava que, não comendo carne, estaria livre de "tentações carnais". Macário, entretanto, expôs-lhe a relatividade de seu jejum. De nada adianta ao ser humano jejuar e purificar o seu corpo pelo jejum se não purificar simultaneamente o seu espírito. E a purificação do espírito ocorre quando ele desiste de julgar e deixa de falar mal de outros. Julgar os outros com facilidade é uma grande tentação, também e justamente para pessoas que estão espiritualmente em busca. Os outros não praticam os mandamentos; não vão à igreja; vivem superficialmente. Ora, com tais palavras revelamos a nós mesmos. Nós preferiríamos não precisar dar atenção aos mandamentos de

Deus; na verdade, não estamos interessados em ir à igreja. Nós o fazemos somente pela boa reputação que isso representa para nós mesmos e para outros. O mais importante exercício de jejum é, para Macário, o jejum da fala. Não devemos falar mal das outras pessoas, como também não julgá-las nem avaliá-las, não proferindo palavras inúteis. Devemos refletir sobre o que dizemos: É útil para os outros o que falamos? Isso os edifica? Ou: Nossas palavras servem para nos colocar no centro do assunto? Encobrimos com nossa fala abundante nosso vazio interior, porque temos medo de nos expor a ele? O jejum, como entendido pelos monges, tem o objetivo de nos levar à verdade; pretende revelar os pensamentos que existem em nós. Então, devemos colocar isso diante de Deus para que seu Espírito purifique e transforme o nosso espírito.

6

O amor de Deus
pelos seres humanos

Um monge muito piedoso e que amava a Deus tinha por amigo um anacoreta (eremita). O anacoreta morreu, e o irmão foi até sua cela, encontrou cinquenta moedas e começou a admirar-se e a chorar, pois temia que, por causa do dinheiro, o eremita havia provocado repulsa em Deus. E como orasse insistentemente a Deus por ele, viu um anjo do Senhor, que assim lhe falou: "Por que estás tão desanimado em relação ao eremita? Aquilo que procuras, deixa-o aos cuidados do amor que Deus nutre pelas pessoas. Se todos fossem perfeitos, onde poderia então se mostrar o amor de Deus pelos seres humanos?" Dessa forma o irmão ficou convencido de que o anacoreta foi considerado digno de perdão. Ele encheu-se de ânimo e deu glórias a Deus de todo o coração (**N 74**).

O monge que, após a morte do seu amigo, encontra cinquenta moedas em sua cela, pensa: Em verdade este nem viveu de forma tão boa como eu pensei. Ele guardou dinheiro às escondidas, em vez de confiar em Deus. Ele só vê o erro e chora pelo seu amigo, pelo fato de ele não ter sido tão perfeito como pensava. Deus, no entanto, lhe envia um anjo, que o consola: Se todas as pessoas fossem perfeitas, o amor de Deus pela humanidade nem poderia ser externado. Não devemos nos incomodar com pessoas imperfeitas. Antes, devemos confiar na misericórdia de Deus em relação às suas e às nossas fraquezas. Em todas as nossas fraquezas torna-se visível sua misericórdia e o amor que nutre por nós, seres humanos. Devemos olhar para o amor de Deus, e não para nossa perfeição, que, de qualquer maneira, jamais haveremos de alcançar. Conhecemos a reação do monge quando, depois da morte de uma pessoa conhecida, descobrimos as suas fraquezas ou quando ficamos sabendo da vida dupla que levava. Mas, em vez de nos indignarmos com o fato, deveríamos – como o monge na história – olhar para a misericórdia de Deus e glorificá-la. Isso nos liberta da mania que temos de julgar os outros, mas também nos tira a pressão de termos, nós próprios, de parecer perfeitos para outros na morte. Não devemos nos preocupar conosco e com a imagem que outros farão de nós após nossa morte, mas, sim, prestar conjuntamente louvores à misericórdia de Deus.

7

Oração incessante

Disse um antigo Padre: "Um monge que só reza quando se dispõe a rezar, a rigor, não reza nada" (**N 104**).

Para os monges a oração é mais do que disposição para rezar. Eu não oro somente quando tomo tempo para orar, quando me sento na igreja e junto as mãos ou quando articulo uma oração previamente estabelecida. Os monges empenhavam-se em cumprir a solicitação de São Paulo: "Orai sem cessar" (1 Ts 5,17). Essa oração incessante, eles a exercitavam ao colocarem seu espírito permanentemente direcionado para Deus. Para Santo Agostinho é impossível articular sempre uma oração concreta ou sempre dobrar os joelhos. Para ele, a oração incessante consiste na saudade incessante. Quando estou com saudade de Deus, rezo. Diz Santo Agostinho: "Se não quiseres interromper tua oração, então não interrompas tua saudade". Devemos, pois, estar constantemente em contato com a saudade em nosso coração; ela é o sinal que Deus colocou em nosso coração. Quando sinto saudade, também sinto o sinal de Deus em mim. Então, estou em contato com Deus e rezo. Um modo concreto da oração incessante era a assim denominada *ruminatio*, a ruminação de um versículo bíblico ou da oração de Jesus. Os monges procuravam ligar a oração de Jesus com cada momento de respiração. Dessa forma, sua respiração permanente era, simultaneamente, uma oração permanente.

Nem toda pessoa conseguirá viver em seu dia a dia a maneira de orar dos monges. Mas as palavras deles representam um desafio para cada um de nós. Elas nos colocam diante da pergunta se ficamos de pé ou nos sentamos para orar apenas de vez em quando, ou se estamos fundamentalmente abertos a Deus no dia a dia, se estamos em contato com nossa saudade de Deus e com nossa saudade de orar. Todas as pessoas conhecem a saudade dentro de si. Nossa tarefa consiste, no entanto, em não reprimi-la, não dissimulá-la com ativismo, mas sempre voltar a senti-la. Uma ajuda para isso consiste em colocar as mãos no meio do peito. Esse lugar se torna aquecido e posso pressentir a saudade que existe em mim. Então, durante o dia, constantemente posso me lembrar dessa saudade em mim. Dentro de mim há algo que está acima deste mundo, que agora já se ergue até Deus. A saudade de Deus pode ser percebida também em meio a um diálogo, em meio ao trabalho, em meio a uma reunião. Se eu me recordo da minha saudade durante os afazeres diários, então rezo mais do que minhas orações conscientes conseguem revelar às pessoas. Mas se trata de uma oração oculta. Para essa oração vale a palavra de Jesus: "Mas quando rezares, entra no quarto, fecha a porta e reza ao Pai que está no oculto. E o Pai, que vê no oculto, te dará a recompensa" (Mt 6,6). A saudade, a oração incessante, encontra-se no compartimento oculto do meu coração. Ali encontro Deus, que da mesma forma está oculto no meu coração. E assim estou em oração, como a entendiam os monges.

8

Inquietação interior

*Contava-se o seguinte sobre o antigo Pai João: quando, em determinada ocasião, foi à igreja na **sketis** e ali ouviu como alguns irmãos brigavam, retornou para o seu **kellion**. Só entrou nele depois de tê-lo contornado por três vezes. Alguns irmãos, que tinham observado o fato, mas sem poder imaginar a razão de tê-lo feito, foram até ele e lhe perguntaram a respeito. Ele, então, respondeu: "Meus ouvidos estavam repletos dos desentendimentos. Eu rodeei o aposento para limpá-los, a fim de poder entrar em paz no meu **kellion**"* (**Apo 340**).

João Cólobos era um dos antigos Pais monásticos. Seu nome significa "o pequeno" ou "o curto". Ele faleceu por volta do ano 450 no deserto egípcio. Seus irmãos não compreendem seu comportamento de contornar três vezes o seu *kellion* antes de entrar nele. Aos domingos os eremitas do deserto egípcio se reuniam para o culto divino. Isso deveria fortalecê-los em sua caminhada espiritual. Mas aparentemente também ocorriam contendas entre os monges nesses encontros dominicais. Os monges que se submetiam a uma dura ascese também tinham os seus lados sombrios. E esses lados muitas vezes se mostravam em querer ter razão frente a outros ou em julgá-los com aspereza. Em sua visita dominical ao culto divino, *Abbas* João presenciou como alguns irmãos divergiam entre si. Imediatamente ele se distanciou deles, retornando ao seu *kellion*. Mesmo assim, não conseguia se desfazer das palavras que tinha ouvido dos irmãos em contenda. E assim, rodeou seu *kellion* por três vezes. Dessa forma, ao andar, ele tentava se afastar das discórdias que ainda enchiam os seus ouvidos. Ele não queria retornar ao seu *kellion* sem antes ter sido purificado dessas intrigas.

O exercício que *Abbas* João fez ali para si também seria um bom exercício para nós hoje. Seguidamente trazemos para dentro de nossa moradia os conflitos com outras pessoas no trabalho ou na vizinhança. Constantemente pensamos naquilo que os outros teriam falado entre si. Pior ainda é quando levamos para nossa moradia palavras ofensivas que alguém proferiu contra nós. Dessa forma nossa moradia logo estará repleta de intrigas ou de palavras ofensivas. Nesses casos, é importante não dar permissão de entrar na casa à pessoa que me machucou; em casa não penso nela. Não lhe concedo a honra de estragar inclusive meu jantar. Posso fazer isso ao abrir a porta da casa, mantendo a distância e com força agressiva todos os intrusos, ou – caso já tenham entrado –, expulsando-os da minha moradia. Mas também posso – à semelhança do antigo Pai João – tirar as ofensas da minha cabeça, andando ou peregrinando. Só consigo purificar meu espírito libertando-me dos pensamentos negativos através de peregrinações ou caminhadas. Søren Kierkegaard disse em certa ocasião: "Não conheço preocupação da qual não consigo me liberar caminhando". Aparentemente a caminhada é um bom exercício para purificar o espírito de pensamentos negativos. E é somente com pensamentos purificados que devo entrar em minha moradia. Minha casa é um santuário no qual não há entrada para o profano, representado pela discórdia.

9

A pedra fundamental

O Pai antigo João Cólobos falou: "É impossível construir uma casa de cima para baixo; ela precisa ser erigida a partir do fundamento". Perguntaram-lhe: "Qual é o sentido dessa palavra?" Ele lhes respondeu: "A pedra fundamental é o próximo, a fim de que o ganhes. Isso precisa estar no início, pois desse fato dependem todas as demais prescrições do Senhor" (**Mt 22,39s.**) (**João Kolobos 39, Apo 354**).

Acusa-se os Pais do Deserto de se moverem por demais ao redor de si próprios com sua rigorosa ascese, que eles pleiteavam por excelência nos desempenhos ascéticos com jejum e vigílias. João Cólobos, no entanto, nos mostra o que realmente importa. O fundamento sobre o qual devemos construir a casa da nossa vida é o próximo. João aqui faz jus à exigência de Jesus, que compreendeu o amor ao próximo como mandamento central, ao lado do amor a Deus (cf. Mt 22,39s.). Toda a nossa ascese tem por objetivo nos capacitar para amarmos o próximo. A luta com as paixões, por exemplo, com a ira e a tristeza, mas também com a própria ganância, tem como sentido último fazer que construamos uma boa relação com o próximo. Se não consigo controlar minha raiva, também não estou em condições de conquistar o próximo. Se como em demasia, fico inacessível ao próximo. Nesse caso, nem consigo mais senti-lo. A luta contra as paixões tem, portanto, sempre o objetivo de ganhar o próximo para si, como o expressa o Pai antigo.

O que significa ganhar o próximo? Para mim isso é mais do que amá-lo. Ganhá-lo significa o surgimento de um bom relacionamento, de modo que um represente ganho para o outro. O ganho de um pelo outro é uma bela descrição de amizade. Um é para o outro um enriquecimento; um aprende do outro. Ora, para os monges que eram eremitas, um bom relacionamento com o próximo era essencial. Existem também muitos ditos dos Pais que criticam uma ascese unilateral, que faz com que o monge só gire em torno de si próprio. Por essa razão, Evágrio Pôntico descreve a mansidão como a verdadeira característica de ascese autêntica. Mansidão é um termo de relação e designa sempre a relação para com outra pessoa. Se em virtude de minha ascese endureço a relação com o semelhante, se o condeno, se o julgo por não praticar uma ascese devidamente consequente, então não entendi nada do Espírito de Jesus Cristo. Os Pais monásticos se orientavam decididamente pelas palavras de Jesus. Por meio de sua ascese eles pretendiam se tornar abertos para o Espírito de Jesus e capacitados para seguir suas instruções; não só exteriormente, mas também de dentro para fora. Em razão disso, fazia-se necessária primeiramente a purificação do interior para que, a seguir, se tornassem possíveis também boas relações com as pessoas.

10

Teus pecados, meus pecados

*Um irmão na **sketis** caiu em pecado. Fez-se uma reunião e foi solicitada a presença de **Abbas** Moisés. Ele, porém, não quis ir. Depois disso, o sacerdote lhe enviou a solicitação: "Vem, pois o povo te espera!" Moisés se levantou e foi. Ele pegou um cesto esburacado, encheu-o de areia e colocou-o sobre os ombros. Os irmãos foram ao seu encontro e lhe disseram: "O que é isso, Pai?" Então falou o ancião: "Isso são meus pecados. Atrás de mim eles caem fora e não os vejo, e agora vim hoje para julgar pecados alheios". Quando ouviram isso, não falaram mais nada para o irmão, mas o perdoaram* (**Moses 2, Apo 496**).

Atualmente é moda julgar outras pessoas. Assim que um político ou um empresário comete um erro, toda a nação cai sobre eles e os julga; há indignação e revolta contra essas pessoas. Hoje impera uma verdadeira cultura da indignação e da revolta. Muitas vezes sou contactado por emissoras de televisão para dizer algo sobre esta ou aquela pessoa e seus comportamentos errôneos. Indignação moral é o que se espera de mim. Mas sempre digo: "Sobre pessoas não falo nada. Se não conheço uma pessoa, também não digo nada sobre o seu comportamento". Não tenho vontade alguma de me indignar com os outros e, dessa forma, tirar deles sua proteção, sua "armadura" ou as joias que os adornam. Não quero me indignar com eles por determinação alheia, de me colocar acima deles para que, a partir da galeria, olhar para baixo em sua direção e julgá-los.

A tendência de julgar outros quando cometem um erro já existia entre os antigos monges. Aconteceu que um irmão incorreu em pecado. Qual teria sido o seu pecado, isso não é dito. Mas este tinha chegado ao conhecimento dos demais. Então os monges fizeram uma reunião a fim de condená-lo e, talvez, puni-lo. Para essa reunião havia o desejo de convidar o famoso Monge Moisés, a fim de que, com seu juízo, o encontro ganhasse importância. Moisés era um monge de pele escura; anteriormente ele fora escravo. O seu senhor o expulsou por causa de um roubo. Depois disso ele se uniu a um bando de ladrões, vindo a tornar-se o seu chefe. Por último ele se converteu e se tornou um monge piedoso e humilde. Entre os seus coirmãos esse monge era tido como um modelo de santidade. Inicialmente Moisés não queria ir. Mas, após a insistência do sacerdote, ele foi e fez uma prédica aos irmãos com uma ação simbólica, que eles jamais esqueceram. Moisés não condenou ninguém, nem mesmo a reunião. Pela sua ação simbólica, no entanto – o cesto esburacado, do qual escorria a areia –, ele mostrou o que os monges estavam aprontando com o irmão. Cada um de nós carrega um cesto repleto de pecados. Mas nós seguramos o cesto de tal maneira que os pecados são derramados atrás de nós, e nós não os vemos. Com um cesto assim sobre os ombros seria melhor não julgarmos ninguém. Os monges entenderam essa prédica. Em vez de julgar o irmão, eles o perdoaram.

Às vezes precisaríamos, também hoje, de um *Abbas* Moisés que fizesse calar, por meio de sua ação simbólica, toda a gritaria julgadora da multidão, não a julgando, mas lhe colocando diante dos olhos um espelho que impossibilitasse seu juízo sobre outras pessoas. *Abbas* Moisés expressa em sua ação simbólica aquilo que Jesus disse aos fariseus que lhe trouxeram a mulher adúltera:

"Quem dentre vós não tiver pecado, atire a primeira pedra!" (Jo 8,7). Os monges interpretaram essa palavra de Jesus da seguinte maneira: "Quando vires outra pessoa pecando, dize: Eu pequei". Devemos ver os erros do outro como espelho no qual visualizamos nossos próprios erros. Então passará a vontade de julgar. Iremos lidar misericordiosamente com os erros dos outros, como fez *Abbas* Moisés. Pois veremos nossos próprios erros no erro do outro.

11

Asno guloso

Abbas Macário disse: "*Quando eu era mais jovem, fui tomado pela **akedia** no **kellion**. Então saí para o deserto e disse para meu **logismos** /meu pensamento/: 'Se encontrares alguém, pede-lhe ajuda'. E eu encontrei um menino que apascentava novilhas e lhe falei: 'O que devo fazer, menino, pois estou com fome?' Ele me disse: 'Come, ora'. De novo eu disse: 'Comi e já tenho fome novamente'. Ele mais uma vez me falou: 'Então come de novo'. E mais uma vez eu disse: 'Comi e já tenho fome de novo'. Aí ele me disse: 'Talvez você seja um asno, porque sempre quer comer'. Isso me ajudou e saí dali"* (**N 490 A**).

Trata-se de um dito de Pai bem-humorado que *Abbas* Macário nos transmite aqui. Macário foi um dos grandes Padres do Deserto. Originalmente era casado e, de profissão, conduzia camelos. Com 30 anos tornou-se monge e viveu 60 anos como eremita. Macário foi atormentado pela *akedia – Akedia* é a incapacidade de existir em determinado momento. Nessas ocasiões a pessoa não tem vontade de trabalhar, de rezar, nem mesmo de não fazer nada. O demônio da *akedia* – assim dizem os monges – dilacera a alma humana. Eu sempre estou insatisfeito e nunca posso estar ali onde me encontro. Em seu desespero, o monge disse a si mesmo: "Simplesmente vou sair. Vou contar meu problema ao primeiro que encontrar". O grande monge encontrou uma criança que deu respostas práticas ao seu problema. À pergunta: "O que devo fazer, pois estou com fome?", a criança respondeu: "Ora, então coma!" Quando ele disse que a fome continuava, a criança repetiu o que havia dito. Para a criança isso não era problema algum. Mas quando o monge disse que, apesar de ter comido várias vezes, ele ainda se encontrava com fome, a criança respondeu: "Talvez você seja um asno, Pai, porque sempre precisa comer". Essa imagem realmente drástica ajudou o monge. Ele reconheceu que, como um asno, encontrava-se permanentemente com fome. Pela comparação com o asno ele refletiu sobre sua condição humana. A criança o preservou de transformar seu problema em uma importante pergunta espiritual. A criança o tornou humilde, confrontando-o com o seu lado asno. Se ele aceitou pode encontrar um caminho para lidar consigo.

12

Cão feroz

*Disse um antigo Padre: "Se te demoras no deserto como **hesychias-ta**, não penses que realizas algo grande, mas comportas-te, isto sim, como um cão, tirado da multidão e amarrado, já que morde e importuna as pessoas"* (**N 573**).

O grande perigo dos monges era que eles se gabassem de algo em sua caminhada espiritual, que eles se considerassem melhores do que as pessoas do mundo. Nesse dito dos Pais é descrito com certa dose de humor como o monge deve ver a si próprio. Ele saiu para o deserto por ser como um cão que morde e ataca outros, que os molesta; a ascese no deserto é como uma domesticação do cão. O monge protege o mundo de si próprio, pois se continuasse como antes, seria um cão mordedor que prejudicaria muitas pessoas. Dessa forma, o monge protegeu emocionalmente o meio ambiente; protegeu o entorno contra sua própria agressividade e insatisfação. Os monges pensavam da seguinte forma: se ali onde estiver eu refrear o que é mordaz e agressivo, então dou uma contribuição para a humanização da sociedade; protejo os outros da minha agressividade. E quando consigo domar o cão mordaz dentro de mim, isso também ajuda as demais pessoas; elas podem viver mais tranquilas. Não se trata de matar o cão, mas de domá-lo, e um cão domado já não provoca medo nas outras pessoas.

A imagem do cão feroz preservou, porém, o monge de colocar-se acima dos outros. Ele não foi ao deserto porque é mais espiritual do que os outros, mas por necessidade; porque, de outra forma, continuaria sendo um cão feroz, que perturbava e atacava. Passou a morar no deserto, não por ser especialmente bom, mas por ser especialmente fraco. Desse modo, protegeu as pessoas contra si mesmo. E então, quando as pessoas visitam um cão domado no deserto, ganham esperança de conseguir lidar melhor com suas próprias paixões, de encontrar dentro de si a força para se autodomar.

13

A ajuda que vem do luto

*Um irmão perguntou a **Abbas** Poimen, dizendo: "O que faço com meus pecados?" O antigo Pai falou: "Quem quiser se purificar dos seus pecados, ele os purifica através do pranto. E quem quer adquirir virtudes, ele as adquire chorando. Pois o pranto é o caminho que nos transmitiram a Escritura e também nossos Pais quando disseram: Chorai!* (cf. Lc 6,21). *Outro caminho além desse não existe!"* (**Poimen 119, Apo 693**).

Ao que tudo indica, em nossa natureza humana é que se encontra fundamentado o fato de cometermos erros e de recorrentemente agirmos contra nossos próprios ideais. Os monges tentaram atingir a pureza do coração. Isso representa um estado em que eles não mais se encontravam dominados pelas paixões. Mas, apesar de toda a ascese, os monges continuavam a pecar; não permaneciam fiéis ao seu ideal. Um monge assim, que havia pecado – independentemente de qual tenha sido o seu pecado –, se dirigiu a *Abbas* Poimen e lhe perguntou como lidar com seus pecados. Nossa reação normal é a de ignorar os pecados, de fingir que está tudo em ordem. Ou, então, tomamos a firme decisão de nunca mais pecar. Só que isso não dá certo. Outra maneira de reagir diante dos próprios pecados é passar a vida inteira trajando veste de arrependimento, colocando-se na qualidade de pessoa ruim.

Poimen dá outro conselho: quem cometeu um erro deve prantear e estar de luto por si mesmo. A atitude espiritual recomendada aqui por Poimen é *"penthos"* – Em linguagem psicológica atual poderíamos traduzir como "estar de luto". Eu pranteio por mim mesmo; estou de luto por mim mesmo. O pecado mostrou que eu não sou tão ideal como gostaria de ser; estou decepcionado comigo mesmo. Alguns reagem a essa decepção com tristeza, autocomiseração, automutilação e autocensura, ou também com superficialidade. Devo confrontar-me com a dor da decepção. Estar de luto significa que eu perpasso a dor, que eu pequei. Ora, o pecado normalmente não nos deixa tristes por causa de Deus, mas por nossa causa, pois ele destrói a imagem que faço de mim. Pensei que eu era uma pessoa espiritual. Esforço-me para viver segundo a vontade de Deus, para viver de forma atenta e consciente, para ser gentil e amar. Mas, depois, ajo de forma diferente; firo alguém com minhas palavras, com meu comportamento. Muitos, então, jogam a culpa nos outros e depois se insultam. Prantear significa algo diferente: eu atravesso a dor do meu pecado e da minha decepção comigo, a fim de chegar até o fundo da minha alma. Meu pecado torna-se, então, o caminho para o fundo da minha alma. Lá, disse Poimen, torno-me livre do pecado e alcanço a virtude. O que significa isso? Que no fundo de minha alma existe um local de silêncio no qual não há entrada para o pecado; nele estou livre dos meus pecados. E no fundo da minha alma também descubro competências em potencial, com as quais Deus me presenteou. Lá, eu posso dizer sim para mim mesmo; lá, sinto que não sou somente pecador, mas que também fui generosamente criado por Deus, que Ele me presenteou com boas dádivas, boas habilidades, ou seja, virtudes. Assim sendo, o pranto representa um caminho para livrar-se de pecados e de sentimentos de culpa e, simultaneamente, para entrar em contato com as virtudes que jazem a minha disposição no fundo da minha alma, a fim de serem postas em prática por mim.

14

Sem desculpas

Alguém disse para o antigo Pai Arsênio: "Meus pensamentos me atormentam quando me dizem: não podes jejuar nem trabalhar; por isso, visita ao menos os doentes. Pois também isso é amor". O antigo Padre, porém, que conhecia a semente dos demônios, disse-lhe: "Vai e come, bebe e dorme, e não trabalhes. Só não abandones o teu kellion!" Ora, ele sabia que perseverar no kellion conduz o monge ao seu correto equilíbrio (**Arsenios 11, Apo 49**).

O novo monge estava bem-intencionado. Ele queria praticar uma boa ação que estivesse dentro de suas possibilidades. Ele se sentia fraco demais para a ascese e também para o trabalho manual. Mas, pelo menos, queria visitar doentes, que faz parte das obras de misericórdia para as quais Jesus nos conclamou. Entretanto, o antigo Pai Arsênio vê uma tentação no desejo de visitar doentes. Arsênio era descendente de uma casta de senadores e era educador na corte do Imperador Teodósio em Constantinopla. A superficialidade e a desonestidade na corte o levaram para o deserto. Lá ele queria se encontrar com sua própria verdade. E assim, também era um propósito seu conduzir o novo monge para a verdade dele. No desejo do novo monge de visitar doentes, Arsênio reconhece uma fuga diante do confronto consigo mesmo. O novo monge deveria ver primeiramente em si próprio o que se encontra nele, porque ele não pode jejuar e trabalhar. E, para esclarecer isso, deveria permanecer no *kellion*. Também não há necessidade de ele praticar nenhuma ascese em sua cela. Ele pode fazer de tudo, só não abandonar o seu *kellion*. Então será confrontado consigo mesmo. Só assim poderá encontrar sua própria verdade.

Aquilo que o antigo Pai aconselha ao novo monge é também muito atual. Blaise Pascal já reconhecia para sua época que toda a tragédia do ser humano principia com o fato de ele não conseguir mais permanecer sozinho em seu quarto. Atualmente a tentação de se distrair, seja através da televisão, internet ou celular, é ainda muito maior. Muitos procuram por tranquilidade. Quando, porém, nada acontece, necessitam preencher o silêncio com alguma atividade qualquer; navegam pela internet ou ligam a televisão. Seria bom que em algum momento não fizéssemos nada. Nenhuma distração, portanto, mas simplesmente permanecer no quarto e se perguntar: Está tudo certo comigo? Minha vida está certa? O que me move verdadeiramente? O que pretendo com minha vida? Que rastro pretendo deixar demarcado neste mundo?

Nossa vida oferece inúmeras possibilidades de fuga. Mas Jesus já falou: Só a verdade vos libertará. Só aquele que suporta sua própria pessoa, só quem se confronta com sua verdade e coloca essa verdade aos cuidados da misericórdia de Deus consegue viver de forma serena, em liberdade e honestidade interiores.

15

Sementes não selecionadas

Um irmão falou para o antigo Pai Poimen: "Quando dou um pouco de pão ou algo diferente ao meu irmão, os demônios desvalorizam a ação: teria sido dado para agradar o ser humano". O ancião disse: "Mesmo que isso ocorra pela vontade de agradar, não deixemos de dar o necessário ao irmão". E lhes contou a seguinte parábola: "Dois homens agricultores moravam na mesma cidade. Um deles só semeou poucas sementes, e essas não estavam selecionadas; já o outro desistiu de semear e não colheu absolutamente nada. Quando, pois, surgir o flagelo da fome, quem dos dois terá para viver?" O irmão respondeu: "Aquele que semeou pouco e sementes não selecionadas". Então lhe disse o ancião: "Deixa que sememos um pouco, mesmo que com sementes não selecionadas, para que não morramos de fome" (**Poimen 51, Apo 625**).

A palavra que Poimen dirige ao irmão é confortadora. Todos nós conhecemos a experiência feita pelo irmão; nos esforçamos em auxiliar outros; nos engajamos na Igreja, na comunidade, na firma; nos engajamos por outras pessoas... Mas um dia reconhecemos que em todo bem que praticamos também existem motivos egoístas embutidos. Queremos causar boa impressão nas pessoas; queremos provar para nós mesmos que somos bons cristãos. Às vezes, tal entendimento pode levar à resignação, como no caso do Profeta Eliseu, que em dado momento reconheceu: "Eu também não sou melhor do que os meus pais. Ora, tenho dentro de mim as mesmas tendências que combati nos outros".

Em sua parábola Poimen nos aponta um caminho para a liberdade e, ao mesmo tempo, para a humildade. Sim, mesmo que semeemos sementes não selecionadas, por nosso intermédio pessoas têm o que comer. E isso é mais importante do que se fixar em motivos totalmente puros. Nesses casos, de tanta pureza dos motivos, não sai nada de nós que possa alimentar os outros. Em última análise, nessa obsessão por pureza absoluta não giramos senão em torno de nós próprios. Se semearmos as sementes da maneira como as temos à disposição – com todos os nossos motivos egocêntricos –, não deveríamos ter ilusão alguma quanto à nossa ajuda. Nesse contexto é possível que também façamos uma série de coisas para nós mesmos e para nossa própria imagem. Isso, entretanto, não é tão ruim. Se admitirmos o fato com toda a humildade, certamente sairá algo nutritivo de nós. Então, paramos de girar em torno de nós e de nossa pureza interior. Visualizamos as pessoas em nosso entorno e reconhecemos que elas necessitam de alimento, corporal e espiritual. E cabe-nos dá-lo a elas, sendo indiferente se nossos motivos são sempre totalmente puros.

16

Perda de valor

Amma Sinclética disse: "Como um tesouro perde em valor quando é elevado para a luz, assim desaparece uma virtude quando ela é conhecida e tornada pública. E como a cera derrete perto do fogo, assim também a alma se derrete com elogios, e volta a desperdiçar seu esforço" (S3/900a Schweizer II 994).

Na atualidade firmas exaltam o dito: "Faça o bem e fale a respeito". Elas visam a dar publicidade aos benefícios que realizam para outros, com a finalidade de chamar a atenção e aumentar as vendas. *Amma* Sinclética, uma mulher que vivia no deserto e que teve notoriedade como eremita (faleceu por volta do ano 400 com a idade de 84 anos), vê isso de forma diferente. Quando colocamos nossa virtude com clareza exagerada na luz, a fim de que todos a vejam, ela desaparece. A virtude carece de encobrimento, da mesma forma que um tesouro tem que ser oculto. Pois, se for mostrado a todos, perde valor, e pô-lo muitas vezes à luz lhe trará prejuízos. Observamos isso com livros preciosos que se tornam amarelados quando expostos à luz.

E, não obstante, a palavra de *Amma* Sinclética parece estar em contradição com a palavra de Jesus, segundo a qual devemos colocar nossa luz sobre o candelabro, e não debaixo do alqueire: "É assim que deve brilhar vossa luz diante dos homens, para que vejam as boas obras e glorifiquem vosso Pai, que está nos céus" (Mt 5,16).

Aqui, entretanto, Jesus tem em mente a comunidade cristã. Ela deve ser testemunha do Reino de Deus por meio de sua ação para fora. Através dela a luz de Deus deve brilhar entre as pessoas. Jesus não pede que mostremos nossas virtudes de tal forma que as pessoas venham a nos louvar. Elas devem, ao contrário, louvar o Pai do céu quando veem como nos deixamos iluminar pela sua luz e fazemos boas obras em seu poder.

Amma Sinclética tem em vista a pessoa. Ela deve se deixar perpassar pelo Espírito de Jesus e adquirir sua virtude, realizando o bem para fora. Ela tem em mente a outra palavra de Jesus, de que devemos orar, jejuar e dar esmolas em segredo. Pois, se fizermos publicidade de nossa piedade deixamos de atingir o seu verdadeiro objetivo: ter abertura para Deus e entregar-se totalmente a Ele. Nós sempre vivemos em tensão: por um lado as pessoas devem poder reconhecer em nós que vivemos do Espírito de Jesus; por outro lado, não devemos nos vangloriar como exemplos de pessoas virtuosas. É preciso um espaço de intimidade e encobrimento para realmente praticar o bem. Uma conversa na qual auxilio alguém necessita da atmosfera de sigilo e confiança. Também minha relação com Deus, na qual me abro totalmente para Deus, entregando-me a Ele, necessita de encobrimento. Não posso me vangloriar de minhas orações, de minha espiritualidade. Se eu sou espiritual ou não, isso não se mostra em longas orações ou meditações, mas em minha irradiação para fora. Nisso se torna claro se estou perpassado pela luz de Jesus ou se só pratico minha virtude para ser reconhecido por outros. Se eu colocar minha virtude nessse tipo de destaque ela desaparecerá ou se diluirá como cera ao sol.

17

O roubo

*Contava-se sobre um irmão, vizinho de um grande Padre antigo, que foi ao seu **kellion** e o roubou. O antigo Padre viu a ação e não o culpou, mas trabalhou mais ainda e disse: "Quem sabe o irmão o fez por necessidade". E o antigo Padre teve muita penúria, tendo adquirido seu pão com sacrifício. Quando o antigo Pai estava prestes a morrer, os irmãos se reuniram ao redor dele e ele viu aquele que o havia roubado e disse: "Aproxima-te de mim". E, depois de ter beijado suas mãos, falou: "Agradeço a essas mãos, pois por causa delas entrarei no Reino dos Céus". Ele, porém, ficou contrito e se arrependeu, vindo a se tornar um monge aprovado, em função dos modos de procedimento que constatou no grande Pai da Antiguidade (N 339).*

Num primeiro momento o modo de proceder do antigo Padre nos parece surpreendente. Ele não questiona o ladrão, mas ainda o desculpa com a seguinte reflexão: talvez ele necessite do dinheiro que me rouba. E ele também trabalha para o irmão. Só que para ele o trabalho fica árduo. Normalmente ficamos amargurados quando precisamos trabalhar também para outros que nada fazem. E a raiva toma conta de nós ainda mais rapidamente quando devemos nos esforçar por aqueles que nos roubam, que nos prejudicam. Apesar disso, o Pai monástico permite ser desafiado pelo ladrão a trabalhar ainda mais arduamente em sua própria pessoa. O esforço que ele necessita para o trabalho corporal o abre também para Deus; ele percebe seu amor por Deus fisicamente no esforço requerido pelo trabalho.

Quando então o antigo Padre está na iminência de falecer, beija as mãos do ladrão e agradece a elas o fato de entrar no Reino dos Céus por sua causa. Aquele que lhe havia provocado sacrifícios representava também um desafio para que passasse a ter uma vida conveniente. O ladrão – na opinião do antigo monge – preservou-o de tornar-se imprudente e de cair em tentação.

Esse modo de ver as coisas nos causa estranheza. No entanto, certamente nos faria bem se interpretássemos algumas angústias que sofremos por parte de outras pessoas assim como o fez o antigo monge. Normalmente reclamamos das pessoas maldosas que nos dificultam a vida, ou então nos precavemos delas. Gastamos muita energia para nos proteger delas ou combatê-las. O Pai monge emprega essa energia para o seu próprio caminho, e isso o fortalece em sua probidade. A pessoa que é um peso para nós também pode nos desafiar a sermos mais fortes, e aquele que nos prejudica pode se tornar uma chance para trilharmos com intensidade ainda maior o caminho que leva a Deus. Quem nos combate também pode nos conduzir a Deus, se virmos as coisas assim como o Pai monge as viu. E essa visão nos faria bem, pois nesse caso não reagiríamos passivamente ao comportamento equivocado do outro, não nos sentiríamos como vítima. Iríamos, isso sim, declinar do papel de vítima e transformar o comportamento do outro em uma motivação para o crescimento espiritual. Com isso, porém, nos libertaríamos do poder do outro; não reagiríamos ao seu comportamento errado, mas partiríamos para a ação. Nós mesmos, de forma inovadora, tomaríamos nossa vida nas mãos.

18

Perdão

*Um irmão fez uma chave reserva e abriu o **kellion** de um dos seus vizinhos e pegou o seu dinheiro. O antigo Pai, no entanto, escreveu numa folha de papel: "Senhor, irmão, independentemente de quem sejas, faze-me o serviço do amor e deixa-me a metade daquilo que necessito". Ele distribuiu outra quantia de dinheiro em duas partes e colocou junto também o papel. O outro, porém, entrou novamente, rasgou o papel e levou tudo. Depois de dois anos ele jazia no leito da morte, mas sua alma não o deixava. Depois de ter mandado chamar o antigo Padre, disse-lhe: "Ora por mim, Pai. Fui eu que roubei o teu dinheiro". E falou o antigo Padre: "Por que não o disseste mais cedo?" Mesmo assim, após ter orado, perdoou-o* (**N 7 Schweizer II 1007**).

A história monástica mostra que também uma atmosfera religiosa – como representada pelo deserto egípcio – não consegue proteger o homem da sua ganância. Existe ali um monge que furta do outro. O monge roubado se revela generoso. Ele perdoa o ladrão e lhe pede unicamente que na próxima vez só leve a metade, para que, com a outra, consiga dar conta razoavelmente de suas despesas. Mas o ladrão não se deixa impressionar por essa generosidade; ele leva tudo. Entretanto – assim diz a história –, não posso agir ou viver contra minha consciência interior sem arcar com consequências. Em algum momento a vida haverá de me alcançar e me confrontar com meu modo errado de existência. O ladrão adoece; seus conflitos interiores não permitem que consiga continuar vivendo com saúde. A doença confronta o ladrão com sua verdade, e agora ele está disposto a dizer a verdade. Solicita a presença do Pai antigo, do qual havia furtado, e lhe pede perdão, e que ore por ele. O antigo monge ora com gosto, mas também lhe dirige a pergunta: Por que não o disseste mais cedo? Talvez tivéssemos encontrado um caminho para acabar com tua carência, que não teria te acarretado má consciência. A história monástica nos convida a falarmos de maneira aberta sobre nossas ações e pensamentos. Assim que externamos a outra pessoa aquilo que fazemos contra nossa consciência, seu poder destruidor será anulado. Aquilo que é elevado à luz também pode ser iluminado e transformado. A história monástica revela compreensão para com nossos instintos e paixões. Mesmo assim, ela nos convida a dá-los também ao conhecimento de outra pessoa, a fim de que nossas paixões não nos dilacerem interiormente.

19

Tempo e medida

Disse um antigo Pai: "Um espírito errante leva a parar: leitura, vigília e oração. Um desejo ardente apaga: fome, esforço e reclusão. A ira, porém, é aplacada por: cântico de Salmos, longanimidade /makrothymia/ e misericórdia, e isso deve ocorrer em medidas e tempos adequados. Aquilo que é desmedido e inoportuno é de curta duração, ou seja, não dura muito. É mais prejudicial e para nada aproveita" (**Guy 10,25**).

A história monástica narra a respeito de três perigos aos quais está exposto o monge: seu espírito errante, a forte emoção da ira e, por fim, a cobiça, ou seja, o desejo ardente por comida, sexualidade e posse. O Padre da Antiguidade aqui perguntado oferece contra todo perigo um caminho de superação. Que nosso espírito é errante, isso nós conhecemos hoje em dia. Pensamos em mil coisas; constantemente somos distraídos pelas informações que, de fora, jorram sobre nós. Contra isso o Pai monástico aconselha: leitura, vigília e oração. Lendo um livro, meu espírito fica concentrado; ele se orienta pelos pensamentos que leio. Isso combate minha inquietação interior; eu chego à quietude. De forma semelhante ocorre com a oração. Eu exponho a Deus tudo o que, em mim, aflora de intranquilidade e superficialidade. O espírito errante não cultiva relações; por isso, na oração coloco tudo o que existe dentro de mim na relação com Deus. Dessa forma meu espírito recebe novamente uma âncora na qual tem em que se agarrar.

Para o budismo, a cobiça é o perigo por excelência da criatura humana. Os monges também falam sobre a cobiça, que pode dominar as pessoas. Como caminhos para a sua superação, o Pai monástico cita: fome, esforço e reclusão. Quando conscientemente aguentamos a fome, a cobiça pode ser eliminada, pois ela quer ter sempre mais. Aguentar conscientemente a carência supera a cobiça, sendo que o mesmo se dá com o esforço. Quando me concentro totalmente no trabalho, ela é amainada; no trabalho, tanto meu espírito quanto meu corpo estão ligados a algo que lhes faz bem, sendo que a cobiça muitas vezes é um substitutivo para vida que se vive. No trabalho sinto a mim mesmo; sendo assim, não tenho mais cobiça.

Contra a ira, a amargura e o ressentimento o Pai monástico recomenda o cântico dos Salmos. O canto transforma o ressentimento, desencadeia ação terapêutica sobre a alma. Os Pais da Igreja, como Basílio e Gregório, já tinham ciência disso, e os monges também tinham conhecimento do fato. Cantar não acalma só o rancor, mas também transforma a tristeza em alegria. Contra a ira um coração longânimo igualmente se constitui em um bom remédio; já um coração estreito se irrita com tudo. Um coração longânimo reage calmamente diante dos erros das pessoas e também dos próprios, e ser misericordioso para consigo e com os outros é um bom caminho para vencer a ira. Nesse contexto, misericórdia não é somente uma postura, mas se expressa em ações, mediante as quais uma pessoa se dedica, por exemplo, aos pobres, prestando-lhes ajuda. Nesses três caminhos para se exercitar, o monge, contudo, sempre necessita observar a medida correta e o tempo certo. Coisas fora de medida e sem tempo determinado só nos prejudicam. Se alguém deseja combater sua ira dedicando-se sem moderação ao cântico dos Salmos ou à misericórdia, prejudica a si próprio. Sensibilidade em relação à medida e ao momento correto faz muita falta nos dias atuais. Constantemente muitos querem se modificar, porém exageram em seus métodos, lutando contra si próprios. "Tudo tem seu tempo", diz Coélet (Ecl 3,1), e sua medida. Somente quando entendemos isso algo poderá se transformar em nós; a ira cederá seu lugar à mansidão, e a tristeza à alegria. Os três caminhos aconselhados pelo Pai monástico ao novo monge são válidos também para nós. Não somos responsáveis pelos sentimentos e paixões que afloram em nós, mas é nossa responsabilidade reagir diante deles e transformá-los.

20

Permanecer no chão

Diziam os antigos Pais: "Se vires alguém mais jovem subir com sua vontade para o céu, agarra-o pelos pés e puxa-o para baixo, que será de proveito para ele" (**N 111**).

Existem pessoas jovens que se encontram tão fascinadas com a espiritualidade, que só querem subir ao céu. Elas giram em torno dos seus sentimentos religiosos, mas com isso fogem do seu dia a dia. Eu mesmo fiz trabalho com jovens por 25 anos, tendo acompanhado de boa vontade pessoas jovens em sua caminhada. Nesse contexto experimentei muita abertura e sinceridade quanto ao modo como lidavam com seus sentimentos e os conflitos de sua vida; também percebi nelas muito senso de espiritualidade genuína. No entanto, também encontrei pessoas jovens que, de forma entusiasmada, afirmavam só amar a Jesus e que todo o restante lhes era sem importância. Mas quando eu perguntava mais especificamente, sentia que esse amor entusiasmado por Jesus representava uma fuga do caos de sua existência. Por não terem conseguido lidar com os desafios de sua vida, empreenderam fuga para sentimentos eufóricos. Nesses casos, espiritualidade não representava ajuda para enfrentar o dia a dia, para aprender a lidar de forma adequada com sua solidão e medo, mas fuga para um mundo ilusório.

Diante desse mundo ilusório os monges querem preservar um jovem homem que, com sua vontade e soberba, acha que já pode subir ao céu. Eles o agarram pelo calcanhar e o colocam sobre a terra. Ele necessita acertar primeiramente sua vida sobre a terra, a fim de, então, poder subir ao céu. A isso os monges denominam humildade (*humilitas*). É preciso estar com ambos os pés sobre a terra se há pretensão de subir ao céu. Nesse sentido, os monges citam recorrentemente a palavra de Jesus: "Porque todo aquele que se exaltar será humilhado, e quem se humilhar será exaltado" (Lc 14,11). Nós subimos ao céu por intermédio da descida. Quem quiser ascender de imediato, cairá abruptamente. Isso não vale somente para a escada de acesso à carreira. Muitos dos que colocam todo o empenho na subida reconhecem, quando se encontram em cima, que ali não existe senão o vazio. E, nesses casos, muitas vezes – humanamente falando –, eles tombam também na escada que os elevou na carreira; simplesmente reconhecem que nada mais anda. De maneira semelhante ocorre no mundo espiritual; quem pretende subir rapidamente cai na mesma proporção. Um psicólogo me contou que até aos 18 anos participava de uma igreja pentecostal. Ele era muito piedoso e se deixou levar pela espiritualidade entusiasta. Em dado momento, porém, houve uma ruptura, e durante 30 anos seguidos ele não quis mais saber de Deus. Depois de seus 40 anos é que ele passou a sentir que algo essencial lhe faltava, e tentou colocar sobre a terra firme a espiritualidade que tinha experimentado quando era jovem, para que, enfim, pudesse fazer sua caminhada nela.

21

Vida e obra

Disse um antigo Padre: "Ai da pessoa cujo nome é maior do que sua obra" (**N** 117).

Há pessoas que criam grandes obras. Elas fazem descobertas científicas; fundam um projeto de ajuda e, com isso, auxiliam muitas pessoas, mas dificilmente alguém fala de sua obra. Há outras que são conhecidas publicamente, mas aquilo que conseguem mostrar com sua vida é pouco. O grande perigo que um Pai monástico vê para uma pessoa é o momento em que seu nome, sua notoriedade, sua reputação, sua fama acabam sendo maiores do que sua obra. Isso a envaidece; dá a ela sentimento de importância, mas por trás disso não há nada. Em última análise, ela é uma pessoa pobre; brilha em sua fama, embora aquilo que os outros pensam a seu respeito não esteja coberto pela sua vida. Isso provoca um conflito interior; o nome é som e fumaça, diz o ditado. A obra permanece, foi criada, mas o nome só é citado. Há muitas palavras que são proferidas, mas palavras desaparecem. O que importa é criar algo permanente. Nesse contexto, a obra não se refere unicamente à casa que essa pessoa construiu, à firma que fez crescer, ao projeto que surgiu, aos livros que escreveu. A obra se refere, isto sim, à sua vida. Falamos sobre a "obra da vida". Com isso, muitas vezes designamos tudo aquilo que um cientista pesquisou, reconheceu e escreveu. Mas obra da vida designa, na verdade: a obra da *minha* vida; quando moldo a minha vida de tal forma, que ela corresponde ao mais íntimo do meu ser. Minha vida se tornou uma obra de arte; ela não é somente bonita de ser vista, mas tem em si beleza, dignidade e esplendor. Ela não resplandece para fora, talvez seja ignorada pela mídia, mas está correta perante Deus e perante as criaturas que se encontram com ela.

Assim sendo, o Pai monástico nos exorta a não aspirarmos a um grande nome, mas a procurar construir a obra de nossa vida de tal forma, que corresponda ao nosso ser interior. Então, ela também dará frutos aos outros, sendo uma bênção para eles, independentemente de o mundo falar ou não a seu respeito. Se alguém falar demais sobre a obra da vida de uma pessoa, ela correrá o perigo de se vangloriar e de se achar maior do que realmente é. E isso não é bom para ela, impedindo-a de continuar construindo sua obra. Ele desejará descansar, por seu nome já ser suficientemente grande. Só que esse descanso de sua obra acabará por destruí-la. Deus completa sua obra descansando dela, mas isso é outra coisa. É preciso saber também se distanciar da obra, deixá-la parada, em vez de, cheio de ambição, sempre continuar a aumentá-la; isso corresponde à atitude de Deus. Necessita-se de sensibilidade para saber o momento de se desprender dela. Assim, não se descansa sobre os próprios sucessos, mas se encontra verdadeira quietude, e a verdadeira quietude completa a obra.

22

Somente uma vez

Dizia-se o seguinte sobre um antigo Pai: Ele residia junto com irmãos e só lhes pedia uma única vez para fazerem alguma coisa. E quando eles não a faziam, o antigo Pai se levantava e a realizava ele mesmo, sem rancor (**N 128**).

Em nosso convívio constantente dependemos da ajuda de outros. Há pessoas que têm dificuldade para pedir um favor. Elas têm medo de um não. Isso iria magoá-las. Mas também existem pessoas que são mestras em delegar e repassar o trabalho para outras. Quando alguém nos recusa um pedido, muitas vezes reagimos chateados e magoados. Então acabamos fazendo aquilo que havíamos solicitado, mas geralmente com raiva; esbravejamos conosco mesmos: "Preciso fazer tudo sozinho, ninguém me ajuda". Também encontramos pessoas que preferem fazer tudo sozinhas, pois têm a sensação de que ninguém sabe fazê-lo tão bem quanto elas. Mas em dado momento também ficam chateadas, pois acabam assumindo demais e têm o sentimento de serem exploradas pelos outros.

Todos nós já experimentamos insegurança ao solicitar alguma coisa a alguém. De um Pai monástico é narrado que ele pedia determinadas coisas aos irmãos. Mas só o fazia uma única vez. Ele não os coagia; não ficava chateado, pois talvez ele mesmo as executaria.

Conhecemos bem isso quando outra pessoa não atende ao nosso pedido. Nessas ocasiões é comum insistirmos em saber quando, afinal, ela pensa atendê-lo. Obviamente há ocasiões em que dependemos do cumprimento de determinadas tarefas por outras pessoas, quando somente elas sabem executá-las. O Pai monástico só perguntava uma única vez. Quando os irmãos não atendiam à solicitação, ele se levantava e realizava a tarefa, mas sem rancor; não ficava chateado; não queria expor aos outros a preguiça deles. Ele simplesmente realizava a tarefa com toda a tranquilidade. Para isso se requer uma grande serenidade interior e boa dose de humildade, para que não haja reprimenda às pessoas envolvidas. Nesse caso há uma imersão total na ação, sem a pretensão de demonstrar alguma coisa para os outros.

23

Meu pensamento, teu pensamento

Disse um ancião: "Se percebes que eu tenho um pensamento /logismos/ contra alguém, então é porque também tu tens o mesmo pensamento" (**N 132**).

Seguidamente nos defrontamos com estas observações: "Este tem algo contra mim"; "Ela não consegue aturá-los"; "Ela tem algo contra eles". O reconhecimento do monge antigo é este: quem profere tais comentários também está fazendo afirmações sobre si próprio. Se eu disser que o outro tem algo contra mim, deveria primeiramente me examinar e perguntar: "E eu, tenho algo contra ele?" "O que tenho concretamente contra ele?" "Por que ele não me é simpático?" "Tenho algum preconceito contra ele?" "Ele tem em si algo que me irrita, que não consigo aceitar em mim mesmo?" E se alguém disser pra mim que eu tive algo contra um terceiro, devo naturalmente perguntar primeiramente: "Ele tem razão?" "Tenho realmente algo contra ele?" Mas eu também deveria – assim pensa o Pai monástico – perguntar: "Aquele que afirmou isso tem algo contra essa pessoa?" Ele não está só se escondendo atrás do outro?" "Ele não usa o outro só para externar dissimuladamente suas próprias ressalvas ou agressões contra ele?"

Em tais declarações, como as efetuadas pelo Pai monástico, precisamos ser sempre cuidadosos e não usá-las para formular teoria de validade universal. O Pai monástico, entretanto, pretende nos sensibilizar para que perguntemos o que o outro realmente quer dizer. A criada disse a Pedro: "Teu modo de falar te denuncia". É assim que ocorre muitas vezes entre nós, seres humanos. Quando falamos que alguém tem algo contra um terceiro, traímos muitas vezes nossos próprios ressentimentos contra esse terceiro. Em última análise, sempre falamos sobre nós mesmos. Só que muitas vezes não temos a coragem de nomear claramente nossos pensamentos e sentimentos, preferindo escondê-los atrás dos pensamentos de outros.

24

No espelho

*Alguém contou: "Três trabalhadores (philoponoi: amantes do esforço) eram amigos, e um deles optou por pacificar pessoas com contendas, segundo a palavra: Bem-aventurados os pacificadores. O segundo decidiu cuidar dos doentes. O terceiro se pôs a caminho para descansar no deserto. O primeiro se atormentava com as brigas entre as pessoas, não conseguiu pacificar todas elas e caiu na **akedia**. Ele foi até aquele que ajudava os doentes e também o encontrou desanimado, uma vez que não conseguia alcançar o cumprimento daquilo a que se havia proposto. Então os dois decidiram ir ver aquele que cultivava o descanso. Eles lhe contaram sua angústia e pediram que lhes dissesse o que necessitavam colocar em ordem. Ele ficou em silêncio por um tempo, colocou água num frasco e lhes falou: 'Observai a água' - estava agitada. Depois de um tempo voltou a falar-lhes: 'Observai agora como a água se acalmou'. E, enquanto observavam a água, viram seus rostos como que num espelho, e ele lhes falou: 'Assim também se dá quando alguém está em meio às pessoas: ele não vê os seus pecados em virtude da agitação, mas quando repousa e, sobretudo, no deserto, ele vê seus erros'"* (N 134).

Os primeiros dois amigos fazem aquilo que Jesus pede de nós cristãos: promover a paz entre pessoas que têm rixas e cuidar de doentes. Trata-se, pois, de uma boa obra. Todavia, ambos acabam na *akedia*. Eles notam que não conseguem apaziguar toda contenda nem ajudar todo doente; percebem sua limitação. Mas aparentemente existem ainda outros motivos para caírem na *akedia*, que é a incapacidade de permanecer focado em um determinado momento. Assim, eles se tornam irrequietos, fazem isto e aquilo, mas nada há que os satisfaça verdadeiramente. E, interiormente, passam a ficar cansados e desanimados, não tendo mais vontade para nada. Aquilo que, inicialmente, faziam com entusiasmo, a saber, pacificar pessoas e curar doentes, agora se tornou difícil para eles. Não sentem mais alegria alguma naquilo que fazem. Em sua necessidade, vão até o terceiro amigo, que lhes mostra, na imagem da água, qual o seu verdadeiro problema. Enquanto a água estiver agitada eles não veem a si próprios como num espelho, não vendo igualmente seus pecados e erros. A imagem do espelho, no qual devemos olhar para reconhecer a nós mesmos, goza de predileção por muitos místicos. Platão já fazia uso dela. Para ele, o verdadeiro espelho é o próprio Deus. Se olharmos para Ele, nos veremos com clareza, reconheceremos o que em nós está turvo e não corresponde à sua clareza.

Aparentemente, o terceiro amigo identifica a causa do abatimento, ou seja, que seus dois amigos deixam de olhar para si mesmos em meio às muitas boas ações, que não dão atenção à sua própria alma e, acima de tudo, que não reconheceram seus próprios erros. Em meio a todo bem que praticamos sempre se infiltram motivos desonrosos. Gostamos de aparentar que somos pessoas boas com nossas boas ações. Ou ignoramos nossos sentimentos negativos; ignoramos as resistências internas do corpo e da alma. Sempre continuamos a trabalhar, por acharmos que estamos fazendo algo bom. Mas, na verdade, nem notamos que não fazemos mais nada de bom, mas que só queremos nos afirmar. Não queremos questionar a nós mesmos. Por isso, simplesmente não paramos de agir.

Ver os pecados no espelho não configura qualquer visão pessimista do ser humano. Pecado significa: viver minha vida de forma errada, passar ao largo de mim e de minha verdade. Corremos o grande perigo de viver nossa vida erroneamente, de não vivermos da forma correspondente à nossa essência. E a própria verdade também pode ser perdida justamente na prática do bem. Podemos viver sem considerar os nossos limites; vivemos acima de nossas possibilidades porque achamos que estamos certos. Com as boas obras tapamos as dúvidas internas que temos em nosso labor. Sequer tiramos um pouco de tempo para perguntar o que os outros, de fato, necessitam. Pensamos que realizamos o bem, e assim sempre continuamos, sem nos questionar. E isso conduz – como vimos nessa antiga história monástica – ao abatimento ou, como diríamos hoje, ao esgotamento, ao *burnout*. Não se trata de irmos todos para o deserto, como o terceiro amigo. Mas, em meio às nossas atividades, necessitamos continuamente de momentos de descanso, nos quais podemos olhar na água como num espelho, para reconhecer a nós e a nossa verdade, como também para sentir o que nos cabe fazer no momento dado.

25

O exame de prestação de contas

*Um irmão se aproximou de um Padre antigo e lhe perguntou: "**Abba**, por que meu coração está endurecido e por que não temo a Deus?" O antigo Padre lhe falou: "Creio que se uma pessoa se prende ao exame da prestação de contas /elenchos/ em seu coração, ela recebe o temor de Deus". O irmão lhe disse: "O que vem a ser o exame de prestação de contas?" Então lhe falou o antigo Padre: "É quando uma pessoa examina sua alma em toda ação e lhe diz: lembra-te de que precisas comparecer perante Deus. Mas ela também deve dizer o seguinte: O que pretendo fazer com uma pessoa? Acredito que, se alguém cumprir isso, assim como referido, receberá o temor de Deus"* **(N 138).**

"O temor do Senhor é o princípio da sabedoria. Sábios são aqueles que agem de acordo com isso." Assim o lemos no Sl 111,10. Temor do Senhor não significa ter medo de Deus. É, isto sim, reverência a Deus e a postura de deixar ser atingido por Ele. Em última análise, expressa a seriedade estabelecida na relação com Deus, que exerce papel decisivo em nossa vida. Temor de Deus também se refere àquilo que a psicologia da religião designa como o aspecto do *tremendum*; Deus é também aquele que nos faz estremecer, por ser majestoso, glorioso e santo. Ele é uma realidade poderosa que entra em nossa vida e nos toca. Quem, em sua ação, se deixa orientar pelo temor de Deus é sagaz e age de acordo com sua razão; é sábio.

O contrário do temor de Deus é o coração endurecido. Ele não se deixa mais sensibilizar por nada. Também existem muitas pessoas piedosas que oram diariamente, mas seu coração permanece endurecido, em relação a Deus e em relação ao ser humano. Uma pessoa com o coração endurecido perguntou a um experiente Pai antigo sobre como ele poderia ter o temor de Deus. Esse lhe deu dois conselhos: em cada ação deve testar sua alma e lhe dizer: lembra-te de que precisas comparecer perante Deus. Deve, portanto, sempre colocar todo o seu pensar e agir em função de sua relação com Deus. E, em tudo o que fizer, deve ter Deus em mente, aquele Deus perante o qual precisará prestar contas. A prestação de contas, entretanto, não tem aspecto exterior, mas significa que em tudo deve-se contar com Deus, que leva Deus a sério. O segundo conselho é se perguntar continuamente: O que eu quero fazer com um ser humano? Devo, pois, colocar todo o meu comportamento na relação com o ser humano. Isso é o que o filósofo judeu Hans Jonas denomina "responsabilidade". Em tudo o que fazemos assumimos responsabilidade, não só por nós, mas pelos seres humanos, e isso não só pelas pessoas que agora vivem, mas também pelas que viverão no futuro.

Muitas pessoas se esforçam para viver de forma autêntica e boa, mas não se relacionam com Deus nem com os seres humanos. Para que isso aconteça é necessário que se relacionem com Deus e com o próximo em todas as atividades executadas. Dessa maneira, seu agir e seu falar ficarão corretos. Então viverão de acordo com o seu eu verdadeiro e com o que agrada a Deus.

26

Batalha espiritual

*Um irmão perguntou a um antigo Padre: "Como serei salvo?" Este tirou o hábito monástico, cingiu os quadris, elevou suas mãos para o céu e disse: "Assim tem que ser o monge: despido da capa da vida e crucificado". Nas competições o atleta luta com os punhos; nos **logismoi** /pensamentos, paixões/ o monge deveria elevar as mãos para o céu e invocar a Deus. O atleta se encontra nu quando luta. Nu e sem capa se encontra o monge, ungido com óleo e orientado por um homem de trás /ou seja, por um treinador, respectivamente estrategista, que emite ordens/ sobre como deve lutar. Assim também age Deus, que faz chegar a vitória até nós"* (**N 143**).

A pergunta: Como serei salvo? não gira em torno da salvação da alma. Trata-se, isto sim, das perguntas: Como minha vida pode ser bem-sucedida? Como fico sadio e íntegro? Como vivo de forma saudável? Como vivo de tal forma que correspondo a minha natureza? O Pai antigo responde com uma imagem do mundo dos atletas. Naquela época eles lutavam nus e se ungiam para que os adversários não pudessem pegá-los direito. O Pai antigo está aqui pensando na luta de pugilistas. Ele desenvolve essa imagem do atleta de forma a se adaptar ao monge. Assim como o atleta, também o monge luta nu e sem capa. Isso significa: ele não se esconde atrás de uma máscara, atrás dos papéis que desempenha.

Como pessoa – do jeito que é –, sem capa, ele enfrenta a luta com seus pensamentos e emoções, com suas necessidades e paixões. O monge é ungido tal qual o atleta, mas com outro óleo, o do Espírito Santo, que o fortalece em sua luta. E, como o atleta, o monge também tem por trás de si um treinador, que lhe repassa instruções para a sua luta. O treinador do monge é o próprio Deus. Ele nos diz como devemos lutar.

Existem, porém, duas imagens decisivas para a luta do monge. Ele eleva suas mãos ao céu para invocar a Deus. A oração é, assim, uma importante ajuda para o monge; nela o monge sabe que não está sozinho. O próprio Deus está do seu lado para fortalecê-lo. Mas a oração também é como um recuo temporário da luta; o monge retira-se para a oração a fim de ter contato consigo e com suas forças interiores. Na luta de boxe é semelhante: o boxeador não pode socar o tempo todo o seu oponente. Ele também precisa se proteger e recuar constantemente para garantir sua proteção. A segunda imagem é a da cruz. O monge não deve só elevar suas mãos em oração, mas também imitar a atitude do crucificado; ele deve orar e lutar como crucificado. Crucificado significa: eu mesmo sou a cruz; eu me aceito com todas as minhas contradições que se entrecruzam com o meu retrato idealizado. A cruz é a imagem para a unidade de todas as contradições; o monge deve saber que todas as contradições, simbolizadas pela cruz, também estão nele: céu e terra, luz e escuridão, força e fraqueza, consciência e inconsciência, confiança e medo.

Os monges sabem que a vida também é uma luta espiritual. Por natureza as pessoas nem sempre são equilibradas, calmas, sadias e íntegras; confrontam-se com seus pensamentos e emoções, com suas necessidades e paixões. Para não serem dominadas pelas paixões, necessitam aceitar a luta com elas. Nesse contexto não se trata de lutar frontalmente contra as paixões, mas fazer uso das armas com as quais fomos presenteados por Deus: a oração, a forma da cruz e o óleo do Espírito Santo. E em toda luta devemos saber que Deus se encontra como treinador por trás de nós, dando-nos indicações sobre como nossa luta pode terminar vitoriosa. O próprio Deus faz chegar a vitória até nós, como afirma o Pai monástico, cheio de otimismo. Na época essa imagem do atleta persuadiu muitos homens e mulheres jovens a entrarem na luta espiritual. Era uma imagem forte. Despertou vontade de lutar contra as próprias paixões como um boxeador. Vida espiritual não era endereçada a pessoas fracas, mas para homens e mulheres que estivessem dispostos a empregar suas forças para progredir interiormente e acabar obtendo a vitória, para poder estar do lado dos vencedores.

27

Difamação

Um dos Pais antigos falou: "Quando de início nos encontrávamos, conversávamos sobre coisas úteis, entoávamos corais e mais corais e subíamos ao céu. Agora, porém, nos reunimos e acabamos na difamação, arrastando um ao outro para dentro da cova" (**N 238**).

Tanto a cultura como a espiritualidade de uma comunidade se mostram na maneira como se fala conjuntamente. Muitas vezes ocorre que só se fala sobre os outros. Na maioria das vezes fala-se conjuntamente sobre aqueles que não se encontram presentes. Isso não acontece só na comunidade monástica; ocorre também na família, na firma, no clube, na comunidade eclesiástica. O tema já era conhecido pelos monges antigos. No início aconteceu a experiência de se falar em conjunto sobre coisas úteis. Falava-se sobre a vida espiritual, sobre as experiências e perigos que dentro dela se experimentava. Tal conversa abre o céu sobre as pessoas. O diálogo dá vivacidade, encoraja e se torna um presente para nós. Quando conversamos bem uns com os outros, não fazemos só – como diz Friedrich Hölderlin – uma conversa; nós nos tornamos uma conversa. E um diálogo verdadeiro sempre é para Hölderlin um lugar em que experimentamos Deus.

Contudo, é muito grande a tentação de gostarmos de falar mais sobre pessoas que cometeram algo de errado ou espalhar boatos sobre os outros. Nesses casos, muitas vezes uma conversa inicia assim: "Você já ouviu o que ele, ou ela, fez ou falou?" E dessa forma a pessoa já está bem no centro da difamação. Disso não surge conversa, mas boato. E este, assim diz o Pai monástico, arrasta cada um para dentro da cova. Mas não se arrasta para a cova somente aquele cujos erros são comentados com detalhes; aqueles que falam também se arrastam para baixo, pois se revolvem no pântano de outros e vão se afundando cada vez mais; perdem o chão debaixo dos pés; não possuem mais qualquer bom fundamento sobre o qual possam ficar de pé. Por isso, os monges reiteradamente aconselham a não falar sobre outros. Foi essa a razão pela qual um monge – seu nome era Agatão – manteve uma pedra na boca durante todo um ano, para que não pudesse mais falar sobre os outros. Também para nós, um exercício consciente desse tipo, como o de permanecer por uma ou duas semanas sem falar sobre outras pessoas, também faria bem. Pois dessa maneira notamos como, falando sobre os outros, não pretendemos senão desviar a atenção dos nossos próprios erros, não conseguindo avançar um passo em nossa caminhada.

28

Momento oportuno

*Disse um Pai antigo: "Quando alguém perde um pedaço de ouro ou prata, ele pode encontrar outro em seu lugar. Mas alguém que desperdiçar o momento oportuno /**kairos**/ não poderá encontrar outro"* (**N 265**).

É comum lamentarmos quando perdemos nossa carteira de dinheiro, nossa melhor caneta ou não encontramos mais nossos óculos. Pior ainda é, para determinadas pessoas, quando perdem seu celular; pensam que sem esse aparelho nem poderiam mais viver. Nele estariam armazenadas todas as informações importantes, e sua comunicação dependeria delas. O dito dos Pais nos orienta para o que, verdadeiramente, devemos dar atenção: não podemos desperdiçar o momento. Muitas vezes notamos que é chegado o momento certo de abordar alguém, de dizer-lhe uma palavra encorajadora ou elogiosa, mas hesitamos; não conseguimos mobilizar energias para superar as próprias inibições. Também há muitos argumentos que nos impedem de abordar o outro. Pensamos: Talvez agora não seja o momento certo; haveremos de encontrar a calma para um diálogo em outra ocasião; a qualquer hora vou abordá-lo e visitá-lo. Com isso desperdiçamos um tempo propício, o *kairos*, o momento oportuno. E o Pai monástico diz: O momento oportuno não retorna jamais. Tempo é sempre algo precioso, e o momento presente é precioso. Se o desperdiçarmos, nós o perderemos; simplesmente não encontraremos outro, como é possível obter outra carteira de dinheiro ou caneta. Por isso é preciso viver totalmente no momento. Nesse sentido deveríamos ouvir os impulsos interiores que nos sinalizam: agora é o momento certo. Ou como diz Paulo: "Agora é o tempo da graça" (2Cor 6,2); agora, neste instante, a graça de Deus poderia se tornar bênção para a conversa, para o encontro. A graça de Deus quer dar cumprimento às minhas palavras, mas estas ficam entaladas na minha garganta. Assim, a graça de Deus não pode agir.

Os latinos traduziram a palavra grega "*kairos*" = "tempo agradável" com "*occasio*" = "oportunidade favorável". Eles a representaram como um homem jovem andando sobre uma roda. A parte detrás de sua cabeça é careca e a da frente tem um topete. Eles cunharam o adágio: É preciso agarrar a oportunidade pelo topete. Caso contrário, o jovem homem passará rodando por nós, e nunca mais poderemos pegá-lo. O Pai monástico quer nos exortar a pegar pelo topete as oportunidades que Deus nos oferece, para que agora seja o tempo da graça, que é uma bênção para nós e para as pessoas com as quais nos encontramos neste momento.

29

Casa limpa

*Disse um Padre antigo a um irmão: "O **diabolos** /diabo/ é o inimigo, e tu, a casa. Ocorre que o inimigo não para de jogar pela tua casa adentro tudo aquilo que ele encontra, e derrama nela, adicionalmente, toda a impureza; de ti depende não ser desatento e jogar tudo para fora novamente. Se, no entanto, fores desatento, a casa se encherá de toda impureza e não poderás mais entrar nela. Tu, porém, lança para fora já a primeira coisa que ele joga para dentro, de modo a começar eliminando os pequenos empecilhos, e tua casa permanecerá limpa pela graça de Cristo"* (**N 275**).

A imagem que o antigo Pai aqui apresenta é conhecida. Nós somos a casa. O diabo ou os demônios, ou aqueles que querem nos prejudicar, jogam tudo o que é possível para dentro de nossa casa: pensamentos e sentimentos negativos; palavras ofensivas de outros; erros e fracassos de outras pessoas. Quando nossa casa estiver cheia do falatório das pessoas e do muito que no mundo acontece de negativo, nós sequer poderemos entrar nela. Será como a casa de alguém que sofre da "síndrome da bagunça", que, de tanto lixo acumulado, não podem mais entrar nem morar nela. Tudo está repleto de lixo.

Na opinião do antigo Padre, a despreocupação e a falta de atenção são os motivos pelos quais deixamos nossa casa ser atulhada com toda sorte de imundície. Aqui, despreocupação não deve ser entendida como liberdade em relação à preocupação, recomendada por Jesus (cf. Mt 6,25). Mas sim a falta de preocupação, de cuidado, de atenção, tornando-nos negligentes conosco e com a vida. Deixamos portas e janelas abertas, de modo que as pessoas possam jogar todas as suas porcarias para dentro dela. O cuidado tranca as portas. Notamos que precisamos nos proteger contra todo o falatório negativo; precisamos trancar portas e janelas para que, de fato, possamos morar em nossa casa. Se nos ocuparmos demasiadamente com aquelas pessoas que nos feriram ou que nos provocam medo, elas acabarão se transformando em donos da casa, contestando o nosso próprio direito a ela; assim, não nos sentiremos mais em casa dentro de nossas próprias moradias. Muitas pessoas me contam que não se sentem mais à vontade em suas casas, por se verem constantemente perseguidas ou oprimidas por outros. Às vezes é a algazarra dos vizinhos que prejudica seu descanso. Outras vezes, porém, são os pensamentos delas mesmas, focados nos maus vizinhos ou nas pessoas que as intimidam. Nesses casos, são elas mesmas que praticamente promovem seu despejo da própria casa. Deixa-se muita brecha para pessoas estranhas se infiltrarem em sua casa.

Cuidado e atenção são necessários para que possamos manter nossa moradia limpa e nos "sintamos em casa" dentro dela.

30

Experiência com anjos

Diziam os antigos Padres: "Se realmente te aparecer um anjo, não o acolhas, mas te humilha e diz: Não sou digno de ver um anjo, pois vivo em pecados" (**N 311**).

Hoje existem muitos livros sobre aparições de anjos. Quando os leio tenho a impressão de que seus autores querem chamar a atenção sobre si mesmos com essas aparições angélicas. Comunicam aos leitores que fizeram experiências especiais, que eles próprios têm algo de especial, veem anjos e podem se comunicar com eles, recebendo deles importantes mensagens. Os antigos monges são bem mais ponderados nesse particular. Quando um anjo aparecia a um monge, ele não deveria recebê-lo, mas dizer: Não sou digno de ver um anjo, porque vivo em pecado. Os monges conhecem o perigo de abusar da experiência espiritual em benefício próprio e para destacar sua peculiaridade. As experiências com anjos podem constituir uma fuga para a grandiosidade. Precisa-se de experiências especiais, já que a vida não apresenta resultados tão bons. Para os monges, é decisivo saber gerir a própria vida. Só que eles sempre vivem essa vida na humildade, sempre sabendo que, em toda a práxis espiritual, ainda continuam pecadores. A humildade os mantém no chão, evitando que, através de experiências especiais com anjos, eles se sobressaiam e se coloquem acima de outros. A sóbria visão dos monges poderia nos auxiliar também hoje a olhar mais atentamente para o que realmente são experiências espirituais e para aquilo que não passa de fuga religiosamente adornada visando a grandiosidade. Obviamente, existem experiências com anjos. Mas quem as tem fala de maneira humilde e cuidadosa a respeito; não as usa para se enaltecer. Quem exalta suas experiências espirituais com palavras muito elogiosas geralmente se encontra na fuga da própria mediocridade; foge para a grandiosidade para se distanciar de sua própria verdade.

31

O que sustenta

Abbas João Cólobos disse: "Veja, o primeiro golpe que o diabo deu em Jó aconteceu contra os seus bens, e ele viu que Jó não se entristeceu e não se distanciou de Deus. Com o segundo golpe ele atacou o seu corpo, mas também nesse caso o valente atleta não pecou com nenhuma palavra que saiu da sua boca. No interior de si mesmo ele tinha aquilo que é de Deus, e se alimentava disso sem cessar" (**N 470**).

Sentimos raiva quando alguém nos rouba dinheiro; quando a soma é alta chega inclusive a causar dor. Mas isso é mais fácil de ser superado do que o sofrimento do nosso corpo devido a doença ou acidente. Eu tenho acompanhado pessoas que ficaram paralisadas devido a um acidente; algumas delas eram desportistas, ávidas por ação, amantes da vida. Agora se encontram muitíssimo limitadas, em seu corpo e diante das possibilidades de vida que ainda se encontram à sua disposição. Nenhum de nós sabe como reagiria diante de tal limitação corporal. Não nos compete distribuir bons conselhos quando nós mesmos não experimentamos esse sofrimento. João Cólobos também não dá conselho algum sobre como deveríamos reagir. Ele nos coloca diante dos olhos o exemplo de Jó, sobre o modo que este reagiu perante o sofrimento. Trata-se de uma interessante descrição para a estratégia empregada por Jó, que tinha em seu interior algo que era de Deus. O que significa isso?

Os Pais monásticos falam seguidamente que o monge possui dentro de si vasos dos quais pode se nutrir, e assim ele adquire maior capacidade de resistência.

Interpreto da seguinte maneira essa imagem do vaso interior ou, em outra passagem, do alimento interior, do qual nos nutrimos: dentro de nós há um espaço de quietude onde Deus habita, onde jorra a fonte do Espírito Santo, onde o ardor do Espírito Santo queima em nós. Jó – essa é a opinião de João Cólobos – tinha em si o calor do Espírito Santo, e nesse calor ele podia se aquecer, a despeito de todo o sofrimento. E da fonte do Espírito Santo ele podia beber, se refrescar e se fortalecer. João Cólobos, entretanto, não fala somente de uma fonte, mas de algo que alimentava. Jó tinha algo de Deus com o qual podia se alimentar constantemente. Para mim, isso só pode ser o amor que ele experimentou no fundo de sua alma. Também para mim, nisto reside o objetivo da meditação cristã: que por meio da oração de Jesus eu chegue até o fundamento interior da minha alma, que é um fundamento do amor. Amor, nesse caso, é mais do que um sentimento; é um poder, uma força, um alimento, uma qualidade do ser. E desse amor eu posso me alimentar, mesmo que meu corpo rejeite um e outro alimento diferente, por não mais tolerá-los. Esse amor alimenta minha alma, que suporta a doença ou a limitação do corpo. Quanto mais forte se torna a alma tanto mais facilmente ela consegue suportar o corpo e gostar de habitar nele, mesmo que ele seja deficiente.

32

Pequenos mandamentos

*Eis o que deves preservar até a tua morte: não fazer algo pequeno nem algo grande sem a opinião do teu Pai espiritual, que reside contigo. Não deixes o **kellion** sem a sua permissão. Não tomes água sem antes ter sido feita uma oração, não comas frutas sem que antes tenha sido feito o sinal da cruz sobre elas. Não toques em nenhuma refeição sem que antes tenha sido dito: Abençoa, Pai. Não coloques água para ferver nem óleo sem antes ter dito a mesma coisa para ele. De noite, não te deites para dormir sem teres feito uma **metania** /prostração penitencial/ e teres recebido permissão para ir embora. Em cada discussão, diz: Perdoa-me. Se fizeres isso, serás glorificado e exaltado perante as pessoas e bem-aventurado perante os anjos, e te alegrarás pelo reino com todos os santos. Quem, contudo, não cumprir esses pequenos mandamentos, não espere conseguir qualquer vitória sobre o **diabolos*** (K 298).*

À primeira vista o conselho do antigo Pai ao monge mais novo parece ser mesquinho. A primeira recomendação se dirige unicamente a monges. O monge jovem deve ouvir o seu Pai espiritual em todas as coisas. As demais recomendações, entretanto, são seguramente válidas também para todas as pessoas. Elas parecem ser bastante simples. Mas justamente nessa simplicidade mostram que, em tudo o que fazemos, pensemos em Deus, que coloquemos tudo em relação com Ele. Esta é a arte da vida espiritual, que possuímos muitos pequenos sinais na memória que nos lembram da presença curadora e amorosa de Deus. Em todas as realizações diárias: beber água, comer uma fruta, cozinhar... devemos pedir a bênção de Deus. Uma maneira de implorar sua bênção é fazer o sinal da cruz sobre os alimentos. Por um lado, isso é um indicativo de que tudo é abençoado por Deus. Mas o sinal da cruz também significa outra coisa: os cristãos primitivos viam a cruz como imagem de que o amor de Jesus Cristo, consumado na cruz, toca, transforma e cura todo o mundo. Quando eu faço o sinal da cruz sobre a água, a fruta, o pão... expresso que, com a água, o amor de Jesus jorra para dentro de mim; que na fruta eu saboreio o amor de Jesus; e que no pão eu experimento o amor de Jesus que alimenta. Todos os elementos terrenos tornam-se imagens do amor com o qual Cristo nos amou na cruz até a consumação.

Esses pequenos sinais podem nos parecer insignificantes; porém, colocam toda a minha vida em relação com Deus. Em tudo que eu toco, toco no amor de Jesus Cristo, que na cruz foi mais forte do que todo o ódio e a morte. Todo o dia – assim diz esse Pai antigo – deve ser ritualizado. Antes de ir dormir ele recomenda o ritual da *metania*, ou seja, que a pessoa se prostre ao chão, caia perante Deus e o adore. Adoração significa: esqueço de mim mesmo; dou adeus ao dia com tudo o que houve; desisto de avaliar o dia ou de ruminar sobre o que poderia ter feito de diferente. Quando me prostro diante de Deus, esqueço de mim mesmo, liberto-me do próprio ego e me torno totalmente presente. Assim, posso ir dormir tranquilo. A consequência desses pequenos rituais é de que não só Deus é glorificado, mas também o monge é justificado; a beleza de Deus passa por ele brilhando e nele resplandece; sua vida é transformada. Assim, o monge se torna bem-aventurado, feliz; sua vida será bem-sucedida. Aqui não é proclamada nenhuma ascese rigorosa, mas um caminho simples, possível de ser seguido de maneira semelhante por todos os cristãos. A meta não é o autocontrole, que normalmente é o objetivo da ascese, mas a glorificação, ou seja, a irradiação da beleza de Deus na pessoa. Dessa forma a vida se torna bela; tudo anuncia o amor de Jesus Cristo; tudo é preenchido pela beleza dele; e o monge encontra paz interior. Sem esses pequenos rituais – na opinião do antigo Pai – o monge não poderia vencer o diabo, que tudo coloca em desordem.

33

Salvos sem esforço

Houve um irmão que, aliás, era negligente no monacato. Quando estava prestes a morrer, alguns Pais sentaram-se ao seu lado. Como seu antigo Padre viu que ele saía do corpo feliz e com alegria, quis edificar os irmãos e lhe disse: "Irmão, creia, todos nós sabemos que não eras muito zeloso na ascese: Por que, então, estás indo embora de forma tão confiante?" O irmão falou: "Creia-me, Pai, tu dizes a verdade. Entretanto, desde que me tornei monge, não me recordo de ter sentenciado uma pessoa errada ou de ter me vingado dela com maldade. Antes, de imediato, no mesmo dia me reconciliava com ela. E quero dizer para Deus: Tu disseste, Senhor: Não julgueis, e não sereis julgados; e: Perdoai, e vos será perdoado". Então todos foram edificados, e o Padre antigo lhe falou: "Paz seja contigo, filho, pois também serás salvo sem esforço" (**N 530**).

Muitos ditos dos Pais do Deserto giram em torno de dura ascese, jejum, renúncia, atitude de rigor consigo mesmo. Aqui nesta narrativa aparece um lado diferente da sua espiritualidade. Na ocasião faleceu um monge que não era exemplar; era negligente; provavelmente não jejuava com rigor, sendo que, ocasionalmente, se permitia certas liberdades; também os horários de oração não foram por ele observados regularmente. Ele negligenciou tudo isso, que caracterizava um bom monge. Mas eis que agora ele morre feliz e cheio de alegria, pois tinha observado o mandamento central de Jesus: não julgar ninguém. Ele tinha consciência de suas próprias fraquezas. Assim sendo, também não julgava os irmãos com suas fraquezas nem emitia juízo sobre outros. Ele também seguiu de forma consequente o outro mandamento da reconciliação e do perdão; não se vingou de nenhuma maldade praticada por outros, mas reconciliava-se com eles no mesmo dia, e perdoou todas as pessoas. Por essa razão ele pôde morrer com a plena confiança de que Deus também não iria julgá-lo, mas perdoá-lo.

O exemplo do monge negligente nos mostra o que realmente importa. Às vezes estamos orgulhosos da nossa ascese e do nosso autocontrole. Mas, com isso, podemos facilmente nos elevar acima dos outros. O pedido decisivo de Jesus é este: "Não julgueis e não sereis julgados" (Mt 7,1). Se cumprirmos essa exigência, podemos confiar que também não seremos julgados. E essa confiança, então, tira de nós o medo da morte, de não conseguirmos subsistir diante do juízo de Deus na morte. O Padre antigo, que havia abordado diretamente o jovem monge quanto aos seus erros, deixou-se convencer pelas palavras do monge negligente. Embora fosse o mais idoso, mostrou-se disposto a ir à escola do mais novo e aprender com ele. Também aprendemos dele um caminho pelo qual podemos ser salvos sem esforço, pelo qual nossa vida pode ser bem-sucedida sem empenho demasiado. Não obstante, é preciso termos uma grande sinceridade em relação a nós próprios, que reconheçamos nossa fraqueza e que cumpramos de forma consequente a ordem de não julgar os outros. Se nos observarmos de forma realista, também não teremos mais vontade de julgar outras pessoas. Pois reconheceremos que, a despeito de todos os nossos esforços espirituais, também continuaremos sendo pessoas com erros e fraquezas.

34

Pensamentos como camundongos

Disse o Padre antigo: "Os maus pensamentos se assemelham a camundongos que entram numa casa. Se a gente os mata gradualmente, um após o outro, na medida em que entram, não ocorrerá mal algum. Se, ao contrário, a gente deixar a casa se encher deles, esse fato demandará muito esforço para afastá-los. Independentemente de esse afastamento se concretizar ou a gente optar por desistir, a casa ficará desolada" (N 535).

Esse nosso Pai antigo nos traça uma imagem simples, mas comovente, sobre como lidamos com nossos maus pensamentos. Quer queiramos ou não, sempre haverão de aflorar dentro de nós maus pensamentos. Os monges nos dizem: nós não somos responsáveis pelos pensamentos que afloram dentro de nós, mas só pelo modo como lidamos com eles. É possível que em nós apareçam rancor, inveja, ciúme, raiva, amargura, medo ou tristeza. Não podemos evitar esses sentimentos dentro de nós, mas é decisivo que tomemos posição diante deles. Aqui se fala que devemos aniquilá-los, mas isso não deve ser tomado ao pé da letra. O ódio não pode ser simplesmente aniquilado, mas podemos transformá-lo. Então, ele não será mais um mau pensamento. Notemos o impulso que se encontra no ódio: proteger-se de uma pessoa que constantemente nos fere e constrange. Se eu transformo o ódio nesse impulso de proteção e delimitação, então o mau pensamento será praticamente aniquilado. O camundongo vivo que quer circular sorrateiramente pela casa é atirado para fora; ele não tem mais qualquer chance.

Para mim, a imagem decisiva nesse dito dos Pais é: preciso abordar um pensamento após o outro, posicionar-me diante deles, tirando deles o poder ou transformando-os. Se eu deixar abertas as portas da minha casa, todos os pensamentos negativos entrarão nela de uma só vez. Assim, não terei mais chance de expulsá-los; eles passarão a se tornar donos da casa. Ao manterem minha casa ocupada, eu não passo de inquilino, que sequer encontra um compartimento nela onde possa viver tranquilamente. Os camundongos, os pensamentos e os sentimentos negativos se expandiram para todos os lados. Por isso, minha casa está desolada e dificilmente pode ser habitável. Eu sou responsável pela casa da minha vida, pelo fato de gostar de residir nela.

O que o dito dos Pais descreve na imagem dos camundongos pode ser experimentado de forma semelhante no sonho. Às vezes sonhamos que nossa casa está cheia de lixo acumulado, ou então que nela há animais indesejáveis: grandes aranhas, sapos feios ou ratos. Esses sonhos são de advertência; eles nos advertem a cuidar de nossa casa interior e a proteger melhor nosso espaço interno. Certa mulher muitas vezes sonhava que pessoas estranhas circulavam em seu quarto. Ela reconheceu que havia protegido muito pouco seu espaço interior; as pessoas com as quais trabalhava e das quais cuidava haviam ocupado esse espaço; ela não podia mais dormir tranquila, pois em todos os lugares parecia haver pessoas estranhas. Nossa tarefa é ser bons porteiros. Evágrio Pôntico complementou a imagem desse Pai antigo com a imagem do porteiro, extraída de uma parábola de Jesus. Nosso Mestre fala de um homem que sai em viagem. Ele confiou responsabilidades aos servos.

"Ao porteiro mandou que ficasse vigiando" (Mc 13,34). Como um porteiro vigilante, devemos perguntar a cada pensamento que bate à porta de nossa casa: "Tu és um estranho ou um amigo?" "Queres me dizer algo importante ou és um 'posseiro' que pretende questionar meu direito de propriedade?" Devemos reter na porta os pensamentos estranhos e hostis; quanto aos 'posseiros' e aos que sujam a casa, é melhor nem permiti-los entrar. Somente assim é que poderemos viver tranquilamente em nossa casa interior.

35

O inimigo

*Certo dia um irmão líbio se dirigiu ao **Abbas** Silvano sobre o Monte de Panepo e lhe disse: "**Abba**, tenho um inimigo que me aprontou muita maldade, pois me roubou meu campo quando estava no mundo, me armou emboscadas várias vezes, e eis que contratou pessoas para me envenenar. Pretendo entregá-lo ao funcionário judicial". Disse-lhe o antigo Padre: "Faze-o, se isso te alivia, meu filho". E o irmão falou: "Não é verdade, **Abba**, que se ele for castigado, seguramente sua alma terá grande proveito?" Disse o Padre: "Faze o que achas ser bom, meu filho". Falou o irmão ao antigo Padre: "Levanta-te, ó Pai, façamos uma oração, e eu vou até o funcionário judicial". O Padre se levantou e eles proferiram o Pai-nosso. Quando chegaram nas palavras: "Perdoa-nos as nossas dívidas, assim como nós perdoamos aos que nos devem", disse o antigo Padre: "Não nos perdoes as nossas dívidas, assim como nós não perdoamos aos que nos devem". O irmão falou ao antigo Padre: "Não é assim, Pai". O Padre antigo, entretanto, disse: "Sim, é assim, meu filho, pois Silvano com certeza não proferirá nenhuma outra oração por ti se quiseres ir até o funcionário judicial para te vingar". Então o irmão realizou uma **metania** e perdoou seu inimigo (**N 557**).*

A transformação que os monges procuram entre si não é através de moralismo, mas de condução paciente ao comportamento correto. Um monge foi até o antigo Pai Silvano, ainda cheio de ódio contra seu inimigo, que lhe havia roubado o campo e, inclusive, queria envenená-lo. Então ele tenta esconder sua raiva por trás da fundamentação: É melhor para o inimigo se ele for punido. Pois disso ele pode usufruir benefício interior. Perante o antigo Pai ele não quer aparecer simplesmente como o monge irado e vingativo, mas como o prestimoso. A justiça é boa para todos, por isso é bom que o inimigo seja punido. Silvano sempre lhe dá razão: Faze aquilo que te alivia e que te parece ser bom. Mas quando eles oram em conjunto o Pai-nosso, Silvano lhe deixa claro o que ele realmente estava pretendendo fazer. Se ele não perdoar o seu inimigo, então também não devemos rogar pelo perdão de Deus. Pois o perdão de Deus encontra-se condicionado ao perdão em relação aos outros. Com esse exemplo Silvano convence o monge. Ele reconhece o quanto havia se exaltado em seu desejo de vingança, a ponto de ter se esquecido do Espírito de Jesus e do pedido do Mestre para o mútuo perdão. Ele reconhece sua cegueira, cai por terra e perdoa seu inimigo.

Às vezes necessitamos de um guia espiritual que não nos insulte, que não nos inculque uma má consciência, mas que, como Silvano, nos abra cuidadosamente os olhos para que reconheçamos onde nos perdemos na caminhada e onde procuramos justificar nosso comportamento com argumentos ilusórios. O que importa não é infundir má consciência em nós, mas abrir nossos olhos para reconhecermos que nosso comportamento e modo de pensar contrariam o Espírito de Jesus.

36

As quatro ferramentas

*Abbas Longino disse: "O jejum humilha o corpo e a vigília noturna purifica o espírito. A **hesychia** /repouso/ provoca o luto /penthos/, que lava o ser humano e lhe permite evitar o pecado"* (**N 560**).

Aqui são descritas quatro importantes ferramentas do caminho espiritual: o jejum, a vigília noturna, a *hesychia* e o luto. Deparamo-nos seguidamente com essas ferramentas nos ditos dos Pais. Interessante é, no entanto, o efeito atribuído por *Abbas* Longino a essas quatro ferramentas da arte espiritual. O jejum humilha o corpo. Aqui não se trata de autocontrole e liberdade interior. Quando participamos de um curso sobre o jejum, nossa motivação é experimentar, sobretudo, a liberdade interior. E através do jejum queremos purificar o nosso corpo de escórias inúteis. Aqui, no entanto, se diz: O jejum humilha o corpo; ele o coloca em contato com sua fome. Conseguimos jejuar durante um certo tempo. Mas depois notamos que somos dependentes de comida; reconhecemos e somos obrigados a admitir, com toda a humildade, a nossa carência.

O objetivo das vigílias noturnas ou das vigílias em geral é a purificação do espírito. Os monges faziam vigílias; sobretudo as noturnas. À noite, enquanto outros dormiam, eles acordavam e faziam suas orações. E disso esperavam uma purificação do espírito. Vigiar, acordar, ser despertado – essas posturas são essenciais para todo cristão. Os filósofos gregos descreveram o estado do ser humano como estado de sono. O ser humano tem se contentado com quaisquer concepções e ilusões. Vida espiritual significa: acordar, abrir os olhos e ver as coisas como elas realmente são. O centro da fé cristã – a ressurreição de Jesus – também é seguidamente descrito na Bíblia como o despertar de Jesus dos mortos. Assim, ressurreição tem a ver com ser despertado; experimentamos a ressurreição com Cristo quando nos deixamos despertar do sono. A Carta aos Efésios descreveu essa relação entre ressurreição e ser despertado num cântico batismal do cristianismo primitivo: "Desperta tu que dormes, levanta-te dentre os mortos, e Cristo te iluminará" (Ef 5,14). Longino relaciona o ser desperto com a purificação do espírito. O despertar purifica nossos olhos turvos de todas as ilusões e os presenteia com clareza interior, para que possamos ver com realismo a nós mesmos, as pessoas ao redor e todo o mundo.

A terceira e a quarta ferramentas da vida espiritual são interdependentes. A *hesychia* produz o luto; também descreve o modo de vida monástico. Ela tem como objetivo o alcance da tranquilidade interior, a paz do coração. Os monges se retiravam conscientemente para não serem distraídos de sua expectativa de encontrar repouso em Deus. Com isso, eles reagiam à falta de sossego e à permanente agitação que, já na época, eram comuns nas cidades. Especialmente hoje, isso é uma importante alternativa para a agitação, que condiciona sempre mais as pessoas. Esse repouso, no entanto, não é unicamente um agradável descanso, não é simplesmente o desejo: "Eu quero finalmente ter meu descanso". "Que ninguém me incomode!" Os monges, ao contrário, encontram no repouso, no silêncio, a própria verdade. No silêncio afloram nossos próprios lados sombrios, os muitos *logismoi*: pensamentos, emoções e paixões que afligem o monge. A reação correta diante de todos esses pensamentos negativos, diante dos demônios que afloram no interior, é o luto, sendo que luto (*penthos*) é o contrário de tristeza (*lype*). No fundamento da tristeza muitas vezes se encontram desejos infantis em relação à vida: reajo com tristeza porque a vida não realiza meus desejos infantis; fico aborrecido com Deus como uma criança pequena quando Ele não realiza os meus desejos. Luto, qualificado como *penthos*, designa, ao contrário, algo ativo: eu sinto luto por ser assim como sou, por ser mediano, por ficar aquém dos meus ideais, por ter dentro de mim todas essas emoções e paixões. Sinto luto por ter perdido muitas vezes a chance que Deus me proporcionou para que me arrependesse, para que me tornasse, de fato, uma pessoa espiritual. O luto seguidamente se expressa em lágrimas; o luto que vem ligado ao pranto lava as pessoas, pois as lágrimas têm, como a vigília, efeito purificador sobre o corpo e a alma. E esse efeito purificador, essa lavagem de toda a sujeira que se acumulou em nós, capacita-nos a evitar o pecado. Nessa circunstância nem precisamos lutar contra o pecado; pelo contrário, o pecado não tem qualquer chance de atacar o espírito purificado e o corpo lavado.

37

Apego

Disse um antigo Pai: "Se o ser humano for um lutador, Deus com certeza exige dele não ter apego a coisa alguma, nem mesmo a uma pequena agulha, pois poderia se constituir em empecilho ao pensamento para o diálogo com Jesus e para o luto" (N 577).

O que os monges designam como apego, no budismo é chamado adesão. A adesão às coisas nos causa impedimento em nosso caminho espiritual. Isso parece exagerado. O Pai antigo, entretanto, fala de um lutador. Nem toda pessoa é um atleta, um lutador com as paixões. Mas quem quiser trilhar de forma consequente o caminho espiritual precisa se libertar do apego. Ora, isso não significa que ele não deva possuir nada; ele só necessita de liberdade interior em relação às coisas. No mosteiro não temos propriedade privada, mas também nele o apego pode se imiscuir da mesma forma. Por exemplo: alguém que trabalha com determinada ferramenta não a empresta; outro está ligado àquilo que lhe presentearam os pais. Sempre que nos tornamos dependentes de coisas, quando não conseguimos existir sem elas – nos dizem os Pais –, isso passa a ser um obstáculo para a conversa com Jesus; não estamos abertos para falar com Ele sobre nossa verdade interior; pensamos demais naquilo sem o qual não conseguimos ser. Para uns é o seu *CD-player*, para outros é seu celular, sua cama, especialmente preparada para eles... Inclusive pessoas que trilham o caminho espiritual muitas vezes nem percebem o quanto estão dependentes de coisas exteriores. Tudo aquilo ao qual estamos apegados, dependentes nos impede de conversar com Jesus em liberdade, de entrar em diálogo com Ele sobre nosso anelo mais profundo e sobre nossa verdade.

Como disse um Pai antigo, o apego obstaculiza o luto; as coisas passam a ser meios de consolo para nós, e assim negamos o luto. Aqui, luto tem o significado de passar pela dor devido à dependência, às carências, à solidão, à escassez e chegar ao fundo da alma, onde se encontra a paz verdadeira. Ali, no fundo da alma, no espaço interno do silêncio é possível experimentar a verdadeira liberdade, também das necessidades. Quem nunca vai ao fundo – e o caminho ao fundo passa pelo luto – nunca chegará à liberdade interior; jamais abrirá completamente seu coração a Jesus; sempre apresentará a Ele somente o seu lado piedoso, mas nunca toda a sua verdade.

38

Curar e salvar

*Um irmão foi falsamente acusado de fornicação no cenóbio. Ele se levantou e se dirigiu ao antigo Pai Antônio. Também vieram outros irmãos do cenóbio que pretendiam curá-lo e trazê-lo de volta para casa. Eles começaram a acusá-lo: "Foi assim que fizeste!" Casualmente, no entanto, também se encontrava ali o antigo Pai Pafúncio, o **Kephalas** (Cabeça). E ele lhes apresentou a seguinte parábola: "Na margem do rio deparei-me com uma pessoa que se encontrava na lama até os joelhos. Quando, porém, chegaram pessoas para dar-lhe a mão, elas o jogaram na água até o pescoço". O antigo Pai Antônio disse sobre o antigo Pai Pafúncio: "Eis que este é um verdadeiro ser humano que pode curar e salvar almas". Então eles passaram a refletir em função da palavra do antigo Pai e se jogaram aos pés do irmão. Estimulados pelos Pais, eles levaram o irmão para o cenóbio* (**Antonios 29**).

Os irmãos pretendem curar o irmão equivocadamente acusado, culpando-o e expondo-lhe a sua culpa. *Abbas* Pafúncio nem quer examinar se as acusações são ou não legítimas. Sua parábola seria válida também se as acusações fossem justificadas: não me cabe jogar ainda mais ao fundo do atoleiro aquele que já se encontra na lama até os joelhos. Minha tarefa é puxá-lo para fora, e então se pode lavar a lama conjuntamente. Nessa parábola do antigo Pai torna-se perceptível a misericórdia que lhe é própria em relação a pessoas que caíram. Os monges sabem que todo aquele que se encontra na lama por culpa própria é um espelho para as outras pessoas. Ocorre que o irmão – conta a história – é acusado injustamente. Hoje em dia presenciamos constantemente que alguém acusado publicamente – mesmo que nada seja comprovado e a acusação seja injusta – é bombardeado por muitos com imundo. Eles projetam sua própria imundície sobre o acusado e, dessa forma, o enterram ainda mais na lama. Quando estamos na lama gostaríamos de encontrar pessoas que nos estendem a mão para nos tirar dali. Anelamos por pessoas que sujam suas mãos por nós para nos libertar da lama.

Abbas Pafúncio não moraliza. Ele abre os olhos dos irmãos acusadores com uma parábola. *Abbas* Antônio, o maior dos Pais antigos, louva o *Abbas* Pafúncio. Ele realmente sabe curar e salvar pessoas. O louvor de Antônio provoca discernimento também nos outros. Agora eles deixam de afundar o irmão na lama. Prostram-se diante dele para expressar seu valor e, dessa forma, o reabilitam. E ele, cheio de confiança, retorna com eles à sua comunidade.

39

União

Diziam os antigos Padres: "Cada um deve tratar como suas as coisas que dizem respeito ao próximo, deve sofrer em tudo com ele, com ele chorar e comportar-se como se carregasse o mesmo corpo dele, e como se ele próprio estivesse confuso quando o próximo se confunde uma vez, como está escrito: Somos um só corpo em Cristo (Rm 12,5), *e: A multidão dos fiéis era um só coração e uma só alma* (At 4,32)" (**N 389**).

Nós achamos que os eremitas só se preocupavam com a salvação da própria alma ou com sua própria luta contra as paixões. Mas nesse dito dos Pais fica claro que eles se sentiam solidários com todas as pessoas. Os monges realizaram em alta medida aquilo que no budismo se denomina compaixão. Eles não mostram sensibilidade apenas a alguma pessoa que esteja em necessidade, mas sentem-se uma só pessoa com ela, interpretando literalmente duas passagens bíblicas: Os cristãos formam um único corpo (Rm 12,5), e quando um membro sofre, todos sofrem com ele. Também tomam literalmente a afirmação de Lucas, em Atos dos Apóstolos, sobre a comunidade em Jerusalém: Eles tinham um só coração (At 4,32). Nosso coração está unido ao coração dos outros. O que sente o irmão ou a irmã no coração, isso também me diz respeito. Quando o outro está confuso, sinto confusão em mim, e quando ele tem dores em seu corpo, também as sinto em mim, pois somos unidos como se fôssemos um único corpo. Desta forma, todo trabalho analítico que realizamos em nós sempre é também uma bênção para outras pessoas. Sentimo-nos unidos com todos. Se eu vencer um demônio dentro de mim estou prestando um serviço também a um irmão ou a uma irmã; se eu vencer meu medo, isso também fará bem ao outro; e se eu passar pela minha depressão sem permitir que seja arrastado para o lamaçal, minha maneira de lidar com a depressão sensibilizará também as pessoas ao meu redor.

Esse dito dos Pais mostra, por um lado, nossa profunda união recíproca. Por outro, fica igualmente claro que toda luta espiritual que realizamos também acontece com outras pessoas. Quando dentro de nós aumenta a claridade, as pessoas ao nosso redor também sentirão esse efeito, pois somos um único corpo. Hoje não expressaríamos isso de maneira tão corporal como o faziam os antigos monges. A partir da psicologia, contudo, sabemos que tudo o que ocorre dentro de nós acaba afetando também as pessoas ao nosso redor. Isso nos estimula a assumir responsabilidade pelos outros e a não nos sentirmos sós em nossas lutas. Alguns frequentemente desistem das lutas com as seguintes fundamentações: A quem vai ser útil se eu jejuo? Quem vai ganhar se a cada dia pratico cinco vezes a oração comunitária? Se eu imaginar que somos um só corpo, então não acordo às 4:40h por prazer particular, mas em solidariedade para com todas as pessoas e como serviço a elas. Nossa oração provoca vibrações também nas pessoas pelas quais rezamos e toca os corações daqueles que em sua oração estão emudecidos, que não conseguem mais acreditar na força da oração.

40

Viga e haste de palha

*Um irmão disse a **Abbas** Poimen: "Estou confuso e quero deixar o meu local". O antigo Pai lhe falou: "Por qual razão?" O irmão lhe disse: "Porque ouço palavras sobre um irmão que não me são de utilidade". O antigo Pai lhe falou: "Não é verdade o que ouves". Disse-lhe o irmão: "É, sim, Pai, pois o irmão que me falou a respeito é confiável". O antigo Pai lhe falou: "Ele não é confiável, pois se fosse confiável não teria te dito isso". O irmão retrucou: "Mas eu vi o fato com meus olhos". Depois de ter ouvido isso, o antigo Pai tomou uma pequena haste e lhe disse: "O que é isso?" O irmão falou: "É uma haste de palha". Então o antigo Padre visualizou o telhado do **kellion** e disse para o irmão: "Coloca em teu coração: teus pecados são como esta viga, e os do teu irmão, como esta haste de palha". Quando **Abbas** Tito ouviu essa palavra, ele se admirou e disse: "Eu te louvo, **Abba** Poimen, pedra preciosa, pois tuas palavras estão repletas de alegria e de toda a glória"* (**N 391**).

É com grande paciência que *Abbas* Poimen procura impedir que o irmão abandone o lugar pelo fato de ter ouvido coisa negativa sobre outro. Poimen não dá importância aos comportamentos errados daquele outro irmão. Para ele, o monge que narrou a esse irmão os fatos negativos sobre o outro não é confiável, pois um monge confiável não passa adiante erros sobre outros. Poimen também não deixa valer o último argumento do irmão, que teria presenciado aqueles comportamentos, e concretiza a palavra de Jesus de que se vê o cisco no olho do irmão, mas não se repara na trave que está no próprio olho (cf. Mt 7,3). Poimen compara a pequena haste de palha que ele colocou diante dos olhos do monge com o pecado do irmão, sobre o qual ele se irritou. Também compara as vigas no telhado do *kellion* com os pecados daquele irmão que fez o pedido.

Essa história exemplifica de forma impactante o alerta dos monges para que não julguemos outras pessoas, pois assim nos elevamos acima delas. Mas devemos ver os pecados dos outros como espelho, no qual descobrimos nossos próprios pecados. Ou, pelo menos, que reconheçamos no espelho dos erros alheios aquilo de que somos capazes. Talvez Deus nos tenha preservado desse erro até agora. Isso, entretanto, não é nosso mérito, mas graça, pela qual devemos ser agradecidos. Não devemos nos elevar acima dos outros e julgá-los, pois a emissão de juízo nos deixa cegos para nossos erros. Nesse contexto, o monge não fará mais avanços. O irmão que, devido aos erros do outro monge, quer abandonar o local, não está disposto a olhar com sinceridade para sua própria alma; ele crê que sua própria melhora pode ser conseguida por transformações exteriores. A verdadeira luta, contudo, acontece na própria alma. Por isso, não devemos responsabilizar outros pelos nossos problemas; nossa tarefa consiste em nós mesmos combatermos os *logismoi* que nos oprimem. *Abbas* Tito designa as palavras de Poimen como plenas de alegria e beleza. Palavras que se igualam às palavras de Jesus nos enchem de alegria e nos tornam belos.

41

Pensamentos como vento

Um irmão se dirigiu ao antigo Pai Poimen e disse: "Pai, eu tenho muitos pensamentos e corro perigo por causa deles". O antigo Pai o conduziu ao ar livre e lhe disse: "Abre teu manto e detém os ventos!" Ele respondeu: "Isso eu não consigo!" Então o ancião lhe disse: "Se não consegues isso, então também não podes evitar que teus pensamentos venham a ti. Tua tarefa, porém, é a de resistir a eles" (**Poimen 28**).

O que mais gostaríamos de fazer é impedir que pensamentos negativos como inveja, ciúme, ira e ódio tivessem acesso a nós. Queremos reprimi-los a força ou excluí-los de nossa vida, o que, porém, não conseguimos. *Abbas* Poimen mostra muito claramente numa imagem que a exclusão forçada de pensamentos e sentimentos não é possível. Os pensamentos haverão de encontrar uma porta de entrada, quer queiramos, quer não. Assim como o vento sopra, independente de nossa vontade, os pensamentos sempre retornarão e entrarão em nós. Nossa tarefa, entretanto, é a de saber lidar com eles, com luta e resistência. Contudo, isso não pode ser uma luta violenta. Antes, devemos "falar com eles", indagando sobre o que desejam de nós. De maneira semelhante, Poimen diz: "Deixa os pensamentos entrarem calmamente em ti. Dá a eles e recebe deles, que assim te deixarão mais experiente". Em todo pensamento e sentimento reside um sentido. Se eu reprimir o ódio, ele retornará ou desenvolverá em mim um comporta-mento compulsivo. Obviamente, isso me causará impedimentos. Se eu lhe der vazão, ele me destruirá, como também ao outro que nele persigo. O que importa em relação ao ódio que simplesmente toma conta de mim, quer queira, quer não, é iniciar um diálogo com ele. O que o ódio está querendo dizer para mim? Ele está me convidando a me proteger melhor de alguém que me machuca, libertando-me do poder dela? O ódio é um convite para que eu entre em contato com minha própria força.

A palavra de *Abbas* Poimen nos liberta da má consciência quando sentimos inveja, raiva, ódio e ciúme. Os pensamentos po-dem existir. Nossa tarefa, no entanto, é lutar com eles, combatê--los; não devemos lutar *contra* eles, mas *com* eles. Da mesma forma que um lutador aprende a conhecer bem seu oponente durante a luta, nós devemos nos familiarizar com os pensamentos e senti-mentos quando lutamos com eles, aprendendo a conhecê-los com exatidão; então aprenderemos também a conhecer seus truques e artimanhas, podendo lutar melhor com eles. Nesse sentido, a luta será para nós uma chance de passarmos no teste e nos fortalecerá; nós nos confirmaremos como pessoas verdadeiras, corretas e ade-quadas. Verdadeiro também significa "confiável, amigável". Quem passou pela luta não violenta com seus pensamentos e sentimen-tos se tornará confiável também para outras pessoas. Elas confiam nele por notarem que é uma pessoa que conhece a si mesma e que, por isso, não condenará ninguém; ela será amigável. Por se relacio-nar consigo de maneira amigável, também conseguirá ser amigável nos encontros com outras pessoas.

42

Cântico espiritual

Abbas Hiperéquio disse: "Um cântico espiritual esteja sempre em tua boca e a meditação alivie o peso das tentações que sobrevêm a ti. Um exemplo esclarecedor é o seguinte: um caminhante carregado com muito peso, que ameniza o cansaço da caminhada pelo cântico" (J 669).

Nesse dito dos Pais, meditação e cânticos espirituais são vistos como auxílio para se lidar melhor com os fardos da vida. *Abbas* Hiperéquio compara nossa vida com um caminhante bastante carregado que necessita levar esse fardo até o destino. Para não sentir muito a carga, ele começa a cantar. Já Santo Agostinho comparou nossa vida com a dos caminhantes, só que ele observou mais o medo do que o fardo que o caminhante precisava carregar. Naquela época normalmente se caminhava de noite para evitar os ladrões, mas também se tinha medo dela. Por isso se cantava para tirar o medo da escuridão. Em um sermão, disse Agostinho: "Hoje, deixai que cantemos, não para nos alegrarmos, mas para encontrarmos consolo na tribulação. Assim como caminhantes costumam cantar: Canta, mas caminha a passos largos! Cantando, consola-te na necessidade, não ames a indiferença. [...] Canta e segue o teu caminho". Em meio ao nosso medo, em meio à necessidade e ao estado de apatia, o cântico nos coloca em contato com a confiança e com a alegria, que se encontram no fundo de nossa alma.

Nesse sentido, oração e meditação não constituem algo obrigatório, que precisamos fazer para sermos considerados pessoas piedosas; antes, representam um benefício. A meditação não permite que sintamos a carga que carregamos. Talvez se trate do fardo do nosso próprio modelo de vida, do fardo do trabalho ou do sentimento de que não damos conta da própria vida. Por exemplo, não tenho forças suficientes para me posicionar diante dos desafios da vida. Porém, quando medito, não sinto o fardo; entro em contato com a fonte interior, e essa fonte me refresca. Isso me dá a impressão de poder continuar em meu caminho com força renovada.

De forma semelhante ocorre no cântico. Conheço pessoas que cantam para elas mesmas quando estão passeando. Minha mãe cantava frequentemente quando lavava louça; isso também lhe tirava o fardo do trabalho caseiro cotidiano. O canto nos coloca em contato com a alegria interior que temos em nós, da qual, porém, muitas vezes, estamos dissociados em virtude das preocupações e das cargas do dia a dia. No canto não temos a alegria como propósito. Mas, cantando, emerge nossa fonte da alegria, que nos torna conscientes e transforma nossa emoção.

43

Mania de notoriedade transformada

Disse um antigo Padre: "Detesto a vã mania de notoriedade das pessoas jovens, pois labutam bastante e não têm salários. Na verdade, elas estão interessadas na boa reputação humana". Outro antigo Padre, muito sábio, lhe disse: "Eu, de minha parte, estou completamente de acordo com você, pois para uma pessoa jovem é útil receber ajuda do vão desejo por fama, e não cair em negligência. Se ela tem a vã mania de fama, realmente precisa - com vistas ao louvor - se conter, vigiar, treinar, ganhar o amor e suportar tribulações. Depois de ter se comportado dessa maneira, a graça de Deus vem até ela e lhe diz: Por que te afliges pelas pessoas e não por mim? Então ela se deixa persuadir a não mais dar atenção à fama humana, mas à fama divina". Depois de terem ouvido isso, disseram: "Verdadeiramente é assim mesmo" (**N 616**).

A vã mania de fama contava entre os monges como um dos oito vícios a serem combatidos por eles. Aqui um Pai antigo se incomoda com o desejo de notoriedade em monges mais novos. Eles só jejuam para se mostrar. Eles querem se destacar como bons monges. Entretanto, outro Pai antigo sábio louva os monges jovens.

O desejo de fama leva-os a treinar a ascese e a desenvolver suas próprias forças. O conselho do Pai antigo lembra a parábola de Platão sobre a carruagem da alma, puxada por impetuosos cavalos da paixão. A possibilidade de a carroça não sair dos trilhos depende, porém, do condutor. Um bom condutor também sabe lidar a contento com os cavalos impetuosos. Assim também um monge sábio sabe lidar bem com as paixões e até usá-las para que a carruagem da alma avance mais depressa. Para os monges isso significa que, no início do seu caminho espiritual, o desejo de notoriedade os induz a jejuarem com rigor, a vigiarem e a rezarem. Mesmo que ainda o façam por causa de bom renome, isso não deixa de ser útil para eles, já que se entretêm com Deus. E eles fortalecem a sua vontade na ascese. Em algum momento – assim espera o sábio monge – os novos monges já vão notar que não compensa se esforçarem em favor de notoriedade humana. E eles se voltam com todo o seu empenho para Deus. Deus transforma sua sede de fama em entusiasmo pelo Reino de Deus, em entusiasmo por uma espiritualidade sadia.

O que vale para os monges aplica-se também a todo ser humano que se coloca no caminho da autorrealização. No início, a mania de fama pode ser para ele uma boa motivação para trabalhar em si, aprender algo, esforçar-se na profissão, a fim de tornar-se um advogado, um engenheiro, um médico ou um psicoterapeuta bem-sucedido. Mas em algum momento ele se dará conta de que a motivação da boa reputação não tem solidez; em algum momento o desejo de fama lhe parecerá vazio. Assim, tudo aquilo que ele havia feito só precisará ser revestido por outro objetivo: o de servir a Deus e às pessoas. Isso transformará sua vida. Mas ele valorizará aquilo que fez até o momento, não se condenando. Trata-se de um sábio conselho que conseguimos utilizar – até um vício – para progredir em nosso caminho espiritual e nos tornarmos uma pessoa totalmente transparente para Deus.

44

Ciúme

Abbas Poimen disse: "Não mores num local em que vês alguém que tem ciúmes de ti; pois, do contrário, não farás progresso" (**Poimen 18**).

Muitos sofrem com o ciúme de outras pessoas. Quem tem sucesso na profissão é muitas vezes invejado por outros. Ou, então, o chefe é ciumento quando um empregado é mais querido do que ele mesmo entre os clientes ou outros funcionários. São justamente os chefes egocêntricos ou narcisistas que se encontram cheios de ciúme daqueles que têm melhor aceitação entre as pessoas. O conselho do Poimen parece não ser realista nesse contexto. Se eu sou bom, em todos os lugares existirão pessoas que terão ciúme ou inveja de mim. Nessa situação, para onde irei?

Eu não seguiria o conselho do Poimen ao pé da letra; como imagem, entretanto, poderia ser um útil conselho, também para hoje. Recomenda que eu não more onde alguém tem ciúme de mim; que eu não vá para locais em que outros se tornem ciumentos em relação a minha pessoa. Devo simplesmente deixá-los em seu ciúme, sem me preocupar com isso. Esse tema é deles; não devo censurá-los. Eles podem ser ciumentos, só que eu me afasto de seu ciúme; não resido onde moram; não entro em discussão com eles; deixo que fiquem com seu ciúme e vivo a minha vida, sem dar importância ao fato.

Se eu me ocupar com o ciúme dos outros, então – assim pensa Poimen – não farei progressos em meu caminho; ficarei somente preocupado com esse comportamento deles. Eu posso criticá-lo nos outros, estabelecendo juízo e sentença. Isso é contra o mandamento de Jesus. Mas também posso me diminuir, desculpar-me por trilhar meu caminho de maneira consequente e, por isso, conseguir reconhecimento das pessoas. Nesse caso, contudo, não poderei prosseguir no meu caminho; ficarei estagnado, temendo a atitude ciumenta dos outros. Só obterei progresso se olhar para Deus, em cuja direção estou a caminho. Se olhar para o ciúme dos outros, se residir no lugar em que o ciúme vem ao meu encontro, não farei progressos, mas permanecerei interiormente estagnado.

45

Somente para si

*Sobre **Abbas** Poimen é narrado o seguinte: quando queria ir para a reunião do culto divino, ele inicialmente se sentava sozinho e examinava seus pensamentos, mais ou menos por uma hora. Só depois disso ele ia* (**Poimen 32, Apo 606**).

Aos domingos os monges que normalmente viviam sozinhos em suas celas iam à igreja para celebrar a Eucaristia. Ali eles encontravam outros monges. Acontecia que, por vezes, nesses encontros ocorriam discórdias entre eles ou então se relatava sobre suas realizações ascéticas, de modo que os encontros em algumas ocasiões eram ofuscados por conversas superficiais. Esta foi a razão pela qual *Abbas* Poimen praticava o seguinte exercício antes de ir à comunidade dos irmãos: ele se sentava por uma hora e examinava seus pensamentos. Como devemos entender isso? Aparentemente ele se examinava no intuito de saber se os seus pensamentos realmente estavam dirigidos para Deus. Ele ia aos irmãos para contar sobre sua ascese rigorosa? Ou existiam pensamentos de insatisfação dentro dele? Nesse caso, aproveitaria o encontro com os irmãos para se desfazer dessa insatisfação. Ou se tratavam de sentimentos agressivos em relação a outro irmão? Nesse caso corria-se o perigo de usar os irmãos para fins inadequados: iria falar sobre o outro, e quando retornasse ao seu *kellion* teria a sensação de que o encontro dominical só reforçou seus sentimentos negativos. Para

Poimen a instrução de Jesus é importante: "Não julgueis e não sereis julgados!" (Mt 7,1).

O exercício que Poimen fazia semanalmente por uma hora antes de ir à igreja faria muito bem também para nós. Antes de ir a uma reunião consultiva, por exemplo, examino meus pensamentos para ver se quero usar a sessão para me colocar no centro, para impor meus pensamentos, para externar minhas opiniões hostis contra alguém. Ou, então, para ver se minha vontade é sincera, sem segundas intenções e com a abertura para ouvir os outros e a vontade de Deus. Esse exercício também faria bem quando visitamos uma família que estimamos, um amigo ou uma amiga. Se, como Poimen, examinarmos anteriormente nossos pensamentos, a visita transcorrerá bem e teremos conversas calorosas. Se, no entanto, nos reunirmos logo após sairmos da agitação cotidiana, também nossas conversas permanecerão superficiais. O objetivo do exame criterioso dos pensamentos é a ordenação interior do espírito, a fim de purificá-lo de perturbações. O que perturba o espírito são paixões como inveja, ciúme, vingança, ressentimento, amargura, desejo de grandeza, aspiração por notoriedade e vaidade. Somente quando nos dirigimos às pessoas com o coração puro é que poderemos experimentar nosso encontro como um presente, e teremos abertura para o que nos disserem. Será um momento de vivência total do presente, concentrando-nos totalmente no outro. Isso transforma e proporciona satisfação.

46

Exercitar silêncio

Amma Teodora disse: "Bom é o silêncio, e um homem sensato exercita o silêncio. Pois é verdadeiramente grande para uma virgem ou um monge estarem em silêncio, mas principalmente para os mais novos. Mas saiba: quando alguém se propõe a ficar em silêncio, vem de imediato o mal sobrecarregar a alma com tédio *(akedia)*, fraqueza de ânimo e pensamentos. Também o corpo ele o sobrecarrega com doenças, cansaço, desarticulação dos joelhos e de todos os membros. Ele, portanto, elimina a força da alma e do corpo. E, quando estou doente, também não posso celebrar o culto divino. Quando, porém, estamos atentos, tudo isso se desfaz. Houve um monge que, ao iniciar a celebração do culto divino, ficou assolado por frio e febre, sendo que a cabeça ficou perturbada por uma tensão. E assim, disse para si: Eis que estou doente e logo vou morrer. Antes de morrer, quero levantar-me e celebrar o culto divino. Por meio desse pensamento coagiu-se e realizou o culto divino. E quando terminou o culto divino, também cessou a febre. E mais uma vez um irmão se opôs a esse pensamento, celebrou o culto divino e venceu, assim, o pensamento" (**Teodora 3**).

Não havia só Pais do Deserto, mas também Mães do Deserto. Muitas vezes elas davam conselhos semelhantes aos dos Padres do

Deserto. Mas, quando comparamos as suas palavras às palavras dos homens, é possível notar pequenas diferenças. Uma delas é que mulheres falam mais sobre o corpo e sobre doenças do que os homens. Teodora conhece a bênção do silêncio, mas também o seu perigo. Assim que ficamos silenciosos, vêm os demônios e querem nos afastar do silêncio. Seu método é assolar nossa alma com *akedia*, com tédio e falta de vontade, e exercer influência sobre o corpo, através de toda sorte de doenças e males. Os demônios acabam com a força da alma e do corpo. Dessa maneira, o monge não tem vontade para rezar; ele inventa uma série de desculpas para si e não vai ao culto divino. A doença fornece razão suficiente para se desculpar e para se manter afastado desses cultos. Isso, entretanto, não faz bem ao monge.

Amma Teodora conta um exemplo oposto. Um monge também estava doente e, inicialmente, não queria ir ao culto divino. Mas, então, disse: Estou doente e logo mais irei morrer. Justamente por isso quero ir ao culto divino. Em vez de utilizar a doença como desculpa para não ir ao culto, ele a toma como motivação para participar dele juntamente com os irmãos. Quando ele passou a seguir esse pensamento, a febre cessou repentinamente. Foi aí que o monge percebeu que a febre também poderia representar uma desculpa para dispensar-se dos compromissos religiosos.

Dessa recomendação de *Amma* Teodora não se pode deduzir que devamos ignorar toda doença. Conheço pessoas que, mesmo estando doentes, vão trabalhar. Nesse contexto, seria melhor se elas vissem a doença como convite para, em algum momento, se permitirem um tempo de recuperação. Mas também existem pessoas que usam quaisquer e pequenos desconfortos como desculpa para não enfrentarem a vida. Também nesse caso é necessário o dom do discernimento para notar se a doença é utilizada como desculpa para se dispensar do culto divino ou do trabalho, ou se a doença deveria ser aceita com toda a humildade e reservar para si um tempo necessário para convalescença.

47

Fontes de água fresca

Novamente disse Poimen: " Está escrito: 'Como a corça deseja as águas da fonte, assim a minha alma anseia por ti, ó Deus (Sl 41,2)'. Como as corças devoram muitas cobras no deserto, o veneno queima dentro de seu estômago, o que faz com que elas anseiem por chegar às águas. Elas tomam e se refrescam por causa do veneno das cobras. Assim também acontece com os monges que moram no deserto. O que queima dentro deles deve-se ao veneno dos maus demônios, e eles aguardam pelo sábado e pelo domingo, a fim de chegarem às fontes de água, ou seja, ao Corpo e Sangue do Senhor, com a finalidade de se purificarem da amargura do mal" (**Poimen 30**).

Poimen compara o monge que luta no deserto com demônios e que se expõe às tentações através das paixões com uma corça que mata cobra. A corça é mais rápida do que a cobra, e esta não lhe pode fazer mal. Mas quando a corça come a cobra, seu veneno queima no estômago dela. Assim também acontece com o monge: se ele, como a corça, luta contra as paixões da alma, também é levado a perceber a amargura do mal. Ele não pode lutar com as emoções, necessidades e paixões sem que deixe de ser contaminado por elas. Para Poimen, o perigo do mal é que o mero contato com ele provoca um gosto amargo na pessoa; a luta com as paixões, na qual continuamente amargamos derrotas, pode nos deixar amargos. Assim, os monges anseiam, como as corças, por fontes de água fresca.

Para Poimen, as fontes de água dos monges são a celebração da Eucaristia, que eles realizavam sempre aos sábados e domingos, quando saíam de seus cenóbios para se reunirem na igreja. Nessas ocasiões eles cantavam em conjunto os Salmos e celebravam em comum a Eucaristia. O que Poimen diz sobre os monges é um consolo para qualquer pessoa. Quer queiramos, quer não, sempre experimentamos também a amargura do mal. Psicólogos reconheceram a amargura como tema central na terapia; muitas pessoas se encontram amarguradas porque sua vida não se desenvolveu da maneira como tinham imaginado. Estão amarguradas porque outra pessoa as machucou, porque são intimidadas na firma, porque enfrentam resistência e inimizade em seu meio. Existem muitas formas do mal que desencadeiam amargura em nós. Para os monges, a oração se constitui caminho de superação da amargura, pois é por seu intermédio que eles apresentam essa amargura a Deus, imaginando que o amor divino seja derramado e essa condição se transforme. A forma mais intensa de derramar o amor de Deus na amargura e deixar que Ele a transforme é mediante a Eucaristia. Quando comemos e bebemos o Corpo e o Sangue de Cristo, o amor encarnado de Deus penetra em nosso corpo e alma, perpassando tudo o que existe dentro de nós, também a amargura. Comer e beber constituem as formas mais profundas de integração. Na comunhão, tudo em nós é perpassado e transformado pelo amor de Jesus, realizado plenamente na cruz. Esse amor faz aquilo que é amargo em nós se tornar doce.

Os Pais da Igreja interpretaram nesse sentido a história da água amarga. Depois da passagem pelo Mar Vermelho, os israelitas peregrinaram durante três dias no deserto e não encontraram água. "Mas quando chegaram a Mara não puderam beber da água de Mara, porque era amarga" (Ex 15,23). O povo murmura contra Moisés, que se dirigiu a Deus. "O Senhor lhe mostrou um pedaço de madeira. Moisés o lançou na água, e a água se tornou doce" (Ex 15,25). Os Pais da Igreja viram na madeira que transformou a água amarga em água doce uma imagem para a cruz. Por meio de sua cruz, Jesus transforma o que é amargo em doce, em sabor do amor dentro de nós. João retomou essa imagem em sua descrição da cruz. Para que se cumprisse a Escritura, Jesus disse na cruz: "Tenho sede" (Jo 19,28). Jesus tem sede, assim como os israelitas no deserto. Os soldados lhe dão uma esponja embebida de vinagre para tomar. Na cruz Jesus toma a amargura de nossa vida, e assim a transforma em doçura. "Quando Jesus tomou o vinagre, disse: Está consumado!" (Jo 19,30). A palavra "consumado, cumprido" – em grego: *tetelestai* – refere-se à obra do amor consumada na cruz. Pode, entretanto, referir-se também à obra consumada da salvação, prefigurada no lançamento da madeira para dentro da água amarga. Nesse momento Jesus consuma aquilo que Moisés realizou no deserto. Para todos nós a água amarga só é digerível porque foi transformada pelo amor de Jesus.

48

Compaixão para com os fracos

Um irmão disse a **Abbas** *Poimen: "Quando vejo um irmão do qual ouvi ter incorrido num erro, não quero trazê-lo para meu* **kellion**, *mas, se ele é bom, me alegro com ele". Disse-lhe o antigo Padre: "Se para um bom irmão fazes um pouco de bem, então faze àquele (ou seja, àquele outro com o deslize) o dobro, pois ele é fraco". Ora, havia alguém no cenóbio de um anacoreta, de nome Timóteo. E o dirigente desse cenóbio ouviu um boato de um outro irmão relativo a uma tentação, e perguntou a Timóteo sobre ele. E ele concordou com o irmão para expulsar o outro irmão. Quando o tinha expulsado, entretanto, a tentação do irmão recaiu sobre Timóteo, de modo que ele entrou em perigo. E assim Timóteo chorou diante de Deus e disse: "Pequei, perdoa-me". Então veio a ele uma voz: "Timóteo, não penses que fiz isso para ti por outra razão que não a de teres desconsiderado teu irmão no tempo de sua tentação"* (**Poimen 70**).

Entre os monges as coisas não eram diferentes do que na sociedade atual. Quando alguém comete um erro, nós o excluímos da comunidade; nós o isolamos, consideramos culpado e o tomamos como um bode-expiatório; nós o condenamos pecador. O conselho dado por Poimen é o de nos interessarmos justamente por tais irmãos, não importando se de fato praticaram um erro ou se eles somente são acusados de tê-lo feito. De qualquer forma –

assim opina Poimen –, tais irmãos são fracos. E justamente como irmãos fracos, necessitariam de nossa atenção e apoio; devemos dar-lhes ainda mais atenção do que damos aos irmãos fortes.

O exemplo narrado por Poimen impressiona. Numa comunidade monástica vem à tona um boato sobre um irmão. O dirigente conversa sobre o caso com Timóteo, que aparentemente era uma espécie de autoridade espiritual nessa comunidade. Ambos, o dirigente e Timóteo, concordam em excluir o irmão. Ao que parece, eles tinham medo de que ele pudesse influenciar negativamente os demais. Quando o tinham excluído, entretanto, a tentação que havia assolado o irmão excluído recaiu sobre Timóteo. Agora ele nota que corre o mesmo perigo que aquele irmão. Ele havia se insurgido contra ele e lhe atribuído a culpa com exclusividade; agora precisa reconhecer com toda a humildade que caiu na mesma tentação que o irmão. Muitas vezes condenamos outras pessoas com tanta intensidade, por sentirmos a mesma tentação em nós, embora não queiramos admiti-la. Condenando o outro, esperamos ficar livres da tentação. O exemplo de Poimen mostra, contudo, que nesse caso a tentação nos invade com força ainda maior. Os erros que imputamos ao bode expiatório retornam para nós.

Poimen, porém, não fala aqui tanto de condenar, mas do fato de que Timóteo desconsiderou o seu irmão no tempo da tentação. Ele não só não deveria tê-lo condenado, como também deveria ter se preocupado com ele de forma especial. Pois era justamente de ajuda, e não de condenação, que ele estava precisando na ocasião. Se olhássemos para as pessoas ao nosso redor com essa imagem de que elas necessitam de ajuda, nossa sociedade se tornaria mais humana. Excluir da sociedade humana um bode expiatório após outro não a purifica, mas só a torna brutal e impiedosa. Aqueles que são tentados por erros necessitam de nosso apoio e misericórdia. Isso poderia fortalecê-los e também nos tornaria mais humildes, preservando-nos de condenar nossos irmãos.

49

O pensamento anterior

Abbas Poimen disse: "Quando um irmão te visita e notas que sua entrada não te será de utilidade, procura em teu espírito e vê qual foi o pensamento que tiveste antes de ele chegar. Assim também descobrirás o motivo da falta de utilidade. Se fizeres isso com humildade e retidão, serás irrepreensível para com teu próximo e suportarás seus erros. Pois quando uma pessoa prepara com cuidado o seu assento, ela não se choca com as demais, uma vez que Deus está diante dela. Eu o vejo assim: por esse ato de assentar-se uma pessoa adquire o temor de Deus" (**Poimen 175**).

Muitas vezes pensamos: Esta pessoa não faz bem para mim. Ela atrapalha meu descanso. Eu queria mais é ler ou meditar, mas essa pessoa me atrapalha. Ela tem uma irradiação negativa. O encontro com ela não me acrescenta nada. Ela é tão superficial. Não adianta conversar com ela. Nada posso aprender com ela.

Poimem não deixa valer esse modelo argumentativo. Ele diz: Se o encontro com um irmão não transcorre bem, se tens a impressão de que é apenas falatório superficial, então examina primeiramente a ti mesmo, mais especificamente, examina os pensamentos que tinhas antes da visita do irmão. Provavelmente não estavas devidamente centrado. Tu te ocupavas com qualquer aborrecimento. E o irmão só fez fortalecer esse aborrecimento em ti. Mas, se estivesses em paz contigo mesmo, terias te encontrado de outra maneira com o irmão. Poimen está convicto disso: se perscruto e purifico em humildade e retidão o meu espírito, então não haverá irmão que me prejudique. Então também posso suportar seus erros, sem condená-lo. Mas não permito que ele me tire do meu centro.

Muitas vezes nos deparamos com pessoas insatisfeitas. Quando elas vêm até nós, contam-nos tudo o que corre de errado. E nós então fazemos coro com elas nesse lamento sobre as más pessoas e as más condições. Ou então nos sentimos irritados. Justamente quando queremos desfrutar nossa tranquilidade, vem alguém para perturbá-la. Poimen diz: Se estiveres bem calmo, se estiveres em teu centro, em harmonia contigo mesmo, o outro não poderá perturbar tua serenidade. Nesses casos serás, antes, tu que o contagiarás com tua serenidade. Tua clareza e tua misericórdia conseguirão transformar o irmão. Quem vive atentamente o momento, quem se detém em seu espaço interior de silêncio, no qual o próprio Deus reside, esse – assim é a opinião de Poimen – não se ofenderá, mesmo com um irmão insatisfeito e superficial. Ele permanecerá em seu centro, em sua misericórdia, "pois Deus está diante dele". Deus é como um escudo protetor que o protege contra a influência negativa do outro. E a partir dessa proteção ele tem condições de influenciar positivamente o visitante. Sua irradiação misericordiosa transformará também o visitante, em vez de ser transformado negativamente por ele.

50

O cochilo

Alguns dos antigos Padres foram ao antigo Pai Poimen e lhe disseram: "Quando vemos irmãos cochilando no culto divino, queres que lhes demos um empurrão para que pratiquem a vigília acordados?" Ele respondeu: "Em verdade, quando vejo um irmão cochilando, coloco sua cabeça sobre os meus joelhos e deixo que ele descanse" (**Poimen 92, Apo 666**).

Abbas Poimen se destaca, por um lado, pela sua radical ascese, e, por outro, também pela sua misericórdia em relação aos irmãos. Alguns irmãos lhe perguntam se devem acordar irmãos que cochilam durante o culto divino, a fim de que possam rezar de maneira adequada. Isso é um desejo totalmente compreensível. A intenção é ajudá-los para que possam participar da oração acordados. Poimen, no entanto, conta como ele próprio costuma reagir em tal situação: não acorda o irmão, mas coloca sua cabeça sobre seus joelhos, a fim de que possa descansar mais confortavelmente. A opinião de Poimen aparentemente é esta: se o irmão está cansado é porque precisa de sono. E se durante a oração dos outros ele adormece, sente-se, mesmo assim, carregado pela oração dos irmãos. Ele nem precisa participar pessoalmente da oração. E, acima de tudo, ele não necessita batalhar contra sua fadiga e participar da oração de maneira forçada. Decisiva é a sua vontade, que ele veio para a oração e quer rezar junto. Eventualmente Poimen também pensa na palavra do Salmo: "Aos seus o Senhor o dá enquanto dormem" (Sl 127,2).

Nota-se a diferença entre os irmãos que aparentemente colocam a si próprios e a outros sob uma pressão espiritual e Poimen, que leva uma vida espiritual intensa e, em função disso, consegue ser tão generoso em relação a outros. Muitas vezes, nosso rigor em relação a irmãos e irmãs é um indicativo de que lutamos contra as próprias fraquezas. Os irmãos que pretendem acordar o coirmão adormecido provavelmente lutam contra seu próprio cansaço, cuja admissão, entretanto, eles se proíbem. Assim, são rigorosos em relação a outros, sobretudo quando temem a própria negligência, a própria tendência de não levar a sério a oração. Um sinal de espiritualidade sadia é sempre a misericórdia em relação a outros. Também existem monges que são rigorosos consigo mesmos e que apresentam rigor igual para com outras pessoas. Nesse caso, seu rigor contra si próprios não tem nada a ver com liberdade, mas com medo diante das próprias fraquezas; então projetam esse medo sobre os demais.

51

Chorar e rir

*Certa vez faleceu na **sketis** um Pai antigo. Os irmãos colocaram-se ao redor de sua cama para dar-lhe assistência e chorar por ele. Ele, porém, abriu seus olhos e riu, voltou a abri-los e riu uma segunda vez, e fez a mesma coisa uma terceira vez. Então os irmãos lhe perguntaram: "Diga-nos, Pai, por que ris enquanto nós choramos?" O antigo Pai respondeu: "Pela primeira vez ri porque todos vocês temem a morte. Pela segunda vez, porque não estão preparados. E pela terceira, porque vou passar do trabalho para o descanso"* (III, 159; Apo 999, em Miller).

O dito dos Pais mostra a postura assumida pelos Pais antigos diante da morte. Os irmãos vão assistir o moribundo. Nesse momento eles choram, pois irão perdê-lo. E provavelmente também choram porque têm medo da morte, porque a veem como algo triste, algo pesado, como um rígido juízo de Deus, perante o qual precisam comparecer os que vão morrer. O antigo Pai, no entanto, reage de forma completamente diferente do que esperavam os irmãos; ele ri por três vezes. Para ele a morte não é nada implacável, e alegra-se por passar do trabalho para o descanso, pois a morte é para ele a porta para o descanso. Aqui ele lutou durante toda a sua vida; agora pode descansar em Deus. O Pai antigo, entretanto, também ri dos irmãos. O riso os transforma mais do que um sermão moralizador, segundo o qual eles não teriam nada a temer diante da morte. Um sermão moralizador geralmente tem pouco efeito; o riso, contudo, permanece na memória dos irmãos. Em nossa história um moribundo se coloca, rindo, acima do medo da morte. O antigo Pai não quer rir dos irmãos ou humilhá-los pelo seu riso. Com o seu comportamento, porém, ele possibilita que os próprios irmãos riam sobre seu medo da morte. De uma hora para outra seus sentimentos e pensamentos pesados se tornarão leves; através do riso se cria uma atmosfera tranquila. A atmosfera é transformada, e assim também pode ser transformado o modo de pensar dos irmãos. Ora, a atmosfera também sempre determina nossa disposição de espírito, e quando ela é pesada, torna-se difícil esquivar-se de sua influência. Rindo por três vezes seguidas o antigo Pai cria outro clima no recinto. De repente também os irmãos conseguem rir do seu medo da morte. Eles reconhecem que seu pranto não foi senão expressão de que não estavam preparados para, na morte, deixar-se cair nas mãos de Deus. Mesmo que, pela ascese, tenham se despedido do mundo, reconhecem que ainda estão presos ao mundo e à vida. Sua ascese ainda não havia conseguido libertá-los do seu ego. Dessa forma, o riso do moribundo se transforma em alegre ensino, em ensinamento que não os envergonha, mas que, de maneira afetuosa, torna visível sua atitude egocêntrica. Não se conta como os irmãos teriam reagido. No entanto, apenas o fato de que esse dito dos Pais foi passado adiante já mostra que os irmãos entenderam o riso do Pai antigo e dele extraíram um importante ensinamento para seu próprio modo de ver a morte.

52

Buscar a Deus!

Abbas Siso disse: "Procura por Deus, mas não procures onde Ele mora" (Sisoes 40).

São Bento vê como tarefa do monge procurar Deus durante toda a vida. Com isso Bento assume o ideal do monacato egípcio. Os monges haviam se retirado para o deserto a fim de buscarem a Deus. Nesse caminho de procura por Deus, no entanto, encontraram-se também consigo mesmos e com a verdade. Buscar a Deus significa sempre, também, buscar a si próprio, ao seu verdadeiro eu. Deus é, também, sempre o incompreensível. Por vezes haveremos de senti-lo e experimentá-lo. Mas, como aconteceu com Moisés em sua intensa experiência de Deus no Sinai, Ele só pode ser visualizado pelas costas (cf. Ex 33,22s.). Só conseguimos descobrir o rastro de Deus na natureza e em nossos corações, mas podemos ver o próprio Deus.

Abbas Siso exorta os monges a buscarem a Deus, não, porém, o lugar de sua habitação. Siso foi aluno do grande Macário. A tradição mostra que ele era uma figura que impunha reverência; era reconhecido devido a sua sabedoria e famoso por sua ascese, que ia muito além da medida usual encontrada na maioria dos monges. Aqui ele só profere uma palavra curta. Justamente aí, entretanto, ele revela a sua sabedoria. Os monges – assim diz ele – não devem imaginar Deus como uma pessoa que tem um lugar fixo de morada. Deus está em toda parte; Ele perpassa a natureza; Ele se encontra no coração do ser humano; Ele se faz presente na comunidade dos que rezam, mas não permite ser enclausurado em local específico. Por isso, devemos desistir de fixá-lo num local e de procurar por esse lugar. A procura de Deus requer, antes, que o procuremos sempre e em todos os lugares, mas sem pretender possuí-lo. Nessa procura, continuamente necessitamos de imagens suas que mantenham vivo o nosso anseio por Ele. Não obstante, precisamos saber que Ele transcende todas as imagens. A ligação de Deus a um só local seria uma imagem por demais unilateral, com pretensões de fixá-lo. A procura de Deus, ao contrário, significa que nós próprios não nos devemos instalar num local. Os monges se ligaram ao local do *kellion*. Mesmo assim, encontravam-se sempre a caminho; estavam interiormente a caminho. Foi justamente a perseverança no *kellion* que constituiu para eles uma ajuda para não permitir que sua busca por Deus acabasse prejudicada pela inquietude exterior. Pois é precisamente quando se permanece no *kellion* e aparentemente não acontece muita coisa que se estabelece o desafio de trilhar o caminho interior da procura por Deus e nunca permanecer parado nesse caminho.

Glossário

Abbas, Pai antigo

Abbas significa pai. Com esse nome eram designados monges experientes que haviam se tornado guias espirituais e mestres para outros. Eles nem sempre eram idosos pelo tempo cronológico de vida, mas uma característica essencial do Pai antigo era a sua sabedoria; ele representava uma autoridade para outros monges por estar impregnado do Espírito de Deus. Pais importantes e influentes foram – ao lado do primeiro Pai monge Antônio ou *Abbas* Poimen –, entre outros: *Abbas* Silvano ou Pafúncio o Kephalas (Cabeça), Macário, Isaías, João Cólobos, Pambo. Há textos que não são atribuídos a nenhum monge concreto.

Akedia

Akedia (acedia) é uma palavra que mal se consegue traduzir. Trata-se da incapacidade de ser em determinado momento. A pessoa acometida por ela sempre está insatisfeita. Evágrio descreve a *akedia* como falta de vontade: não se tem vontade para rezar, para trabalhar nem mesmo para não fazer nada. A pessoa não consegue interagir em determinada situação. Por isso, Cassiano e Evágrio definem a *akedia* com muitos outros termos, como: mau humor, nojo da vida, falta de vontade, melancolia, tédio, sensação de falta de sentido, indiferença. Também poderia ser designada como: abandono interior, negligência, desleixo. O que não é colocado em ordem, o que não é cuidadosamente observado, se deteriora e cai em estado de abandono.

Amma

Amma é o termo para uma Mãe do Deserto. Naquele tempo muitas mulheres também iam para o deserto como eremitas. Seguidamente elas são louvadas devido à sua "força de homem". Isto significa que se igualavam aos Pais do Deserto na sabedoria e na ascese. Mas elas se diferenciavam dos homens no modo do seu acompanhamento espiritual; demonstravam mais compaixão e misericórdia do que muitos Pais do Deserto. *Amma* Sinclética e *Amma* Teodora estão contempladas neste livro com ditos de sabedoria.

Antônio o Grande

Nascido por volta de 251 e falecido em 356, foi o primeiro a ir ao deserto, mais ou menos em 270. A sentença do Evangelho: "Se quiseres ser perfeito, vai, vende tudo que tens e dá aos pobres" (Mt 19,21) fez com que o filho de um rico agricultor optasse por iniciar uma vida radical como eremita. Ele se tornou exemplo para incontáveis pessoas em busca de conselhos e de Deus. A descrição de sua vida por Santo Atanásio exerceu grande influência. Ela fez com que muitos homens jovens fossem para o deserto, a fim de se tornarem monges, como Antônio.

Demônios

Os monges falam com frequência dos demônios. Nesse contexto eles seguidamente designam os *logismoi* como demônios. Estes introduzem nos monges os *logismoi*, ou seja, os pensamentos e as paixões; eles provocam e fomentam as paixões no monge. Demônios não são pessoas, embora sejam representados muitas vezes de forma personificada como espíritos que nos invadem a partir de fora, podendo, por vezes, assumir a forma de uma pessoa ou, até, de um anjo. Demônios são representações para uma realidade que só é possível falar por meio de imagens. Quando os monges falam de demônios estão querendo demonstrar sua luta contra os pensamentos, pois eles veem os pensamentos como algo que, de fora, vem sobre eles. Assim, dão nome aos pensamentos; eles os chamam de demônio. Com esse recurso têm condições de concretizar os pensamentos difusos, de se distanciar deles ou mesmo lutar com eles. Faz parte da caminhada espiritual a familiarização com os demônios e suas artimanhas. Expressando psicologicamente: o que importa é reconhecer e discernir os mecanismos da própria alma.

Diakrisis

Diakrisis (diácrise) é o discernimento dos espíritos; São Bento a traduz como *discretio*. Para ele, essa é a maior de todas as virtudes. Ela capacita para discernir se os diversos pensamentos que nos vêm à mente provêm do Espírito Santo, dos demônios ou de nós mesmos. Os monges reconhecem de onde eles provêm pelo efeito que produzem. Pensamentos oriundos do Espírito Santo sempre provocam vivacidade, liberdade, paz e amor. Pensamentos que provêm dos demônios acarretam estreiteza e medo, ou arrogância e orgulho. Nesse caso, a pessoa se sente especialmente importante. Já os pensamentos advindos de nós mesmos dispersam, não fomentam vínculos; passeamos nas áreas da nossa fantasia.

Hesychia (paz do coração)

Os monges almejavam a paz interior, a paz do coração, a *hesychia*. Eles também eram denominados *hesychiastas*: os que procuravam a paz. O caminho concreto que conduz a essa paz interior passa pelo desprendimento exterior e pelo silêncio. Por isso os monges não silenciavam somente exteriormente, eles também queriam silenciar seus pensamentos. A verdadeira paz do coração serenava igualmente todas as tentações, cobiças e desejos, sendo esse o objetivo da vida monástica.

Humildade

Humildade é uma das principais virtudes do monacato. No latim ela é denominada *humilitas*. Trata-se da coragem de aceitar a própria humanidade e condição terrena, de descer até a profundeza da própria alma e procurar Deus ali, no fundamento dela.

O humilde se encontra com ambos os pés sobre a terra. Ele conhece os abismos de sua alma e não se sobrepõe a outras pessoas com sua espiritualidade. A humildade é a proteção da experiência genuína de Deus; quem se vangloria da sua experiência de Deus, a destrói; abusa de sua espiritualidade para satisfazer sua necessidade narcisista de grandeza. A humildade vigia a verdadeira espiritualidade.

Kellion

Esse *é* o nome dado para a moradia dos monges. O *kellion* é a cela dos monges. Consiste de uma gruta ou de uma choupana simples. O *kellion* era muitas vezes rodeado por uma cerca, que também incluía um pequeno espaço em que os monges plantavam suas verduras e legumes. O monge é pessoa que está sentada no *kellion*; ele se senta ali para meditar. Mas também se senta quando trança palha para cestos. O *kellion* se transformou em importante meio para a caminhada espiritual dos monges. Constantemente eles eram tentados a abandonar o *kellion* e dar prioridade à visita a outros irmãos ou a fazer algo por eles. Entretanto, diz recorrentemente um patriarca: tu não precisas rezar nem jejuar. Só permanece no teu *kellion*. Detém-te em teu *kellion*. Então teu *kellion* te ensinará tudo. Serás forçado a suportar a ti mesmo e a expor tua verdade para Deus. Só esse suportar será capaz de transformar algo dentro de ti.

Koinobion (cenóbio)

Os monges geralmente viviam como eremitas. Mas também existiam comunidades monásticas, denominadas "*koinobion*" (cenóbio). Isso provém da palavra grega "*koinos bios*" = "vida em comum". O verdadeiro fundador do mosteiro foi Pacômio. Ele fundou uma grande associação de mosteiros com regras rígidas. Mas também existiam comunidades menores. Bento deu prioridade à comunidade monástica, em detrimento da vida como eremita. A comunidade monástica deveria imitar a Igreja primitiva, que era "um coração e uma alma" (At 4,32).

Logismos

Logismos designa o pensamento, mas não simplesmente qualquer um. É todo o conjunto de pensamentos e insinuações interiores que pretendem desviar do caminho verdadeiro; pensamentos tentadores que põem à prova. Também diz respeito a emoções e paixões como ira, luto, ganância, mania de notoriedade. A ascese dos monges consistia sobretudo no tratamento adequado a ser dado aos *logismoi*. Nesse contexto, não se trata de reprimir ou refrear, mas de *lutar com* as paixões, a fim de que o monge possa fazer com que a força que reside nelas acabe se tornando frutífera para sua vida espiritual. Ele deve se libertar somente do domínio das paixões. O que importa é a sua transformação, não sua anulação.

Metania

Metania (em grego *Metanoia* = mudança de mentalidade, conversão, arrependimento, contrição) designa prostração. Depois de meditar cada Salmo os monges se jogavam ao chão, a fim de deixar que as palavras daquele Salmo voltassem a ressoar. Também havia o exercício de praticar cem *metanias* sucessivamente para se tornarem libertos de todos os pensamentos. Pelas *metanias*, todo o corpo fica voltado para Deus. O ego começa a silenciar.

Método antirrético

Esse método foi descrito por Evágrio Pôntico. É o "método da contrapalavra". Evágrio descreve as instigações negativas que se encontram relacionadas aos oito *logismoi*. E contra essas instigações negativas procura-se conscientemente na Bíblia uma instigação positiva, a fim de transformar os pensamentos e as emoções negativas. Um exemplo: contra a instigação "Tenho medo. Não consigo isso. O que as pessoas pensam de mim?" recito para mim o versículo do Sl 118,6: "O Senhor está comigo, nada temo; o que pode um homem contra mim?" Eu não me deixo sugestionar por qualquer tipo de confiança. Antes, é a Palavra que me coloca em contato com a confiança que já está presente no fundo da minha alma junto ao meu medo. Pela palavra é despertada a confiança em mim, de modo que ela pode cunhar também a minha consciência.

Moisés

Era denominado de "O Egípcio". Como escravo foi expulso pelo seu senhor em virtude de roubo, depois passou a ser chefe de um temido bando de ladrões. Por fim, tornou-se um monge famoso, sobretudo em função de sua força de vontade e humildade. Com a idade de 70 anos foi assassinado por bárbaros. Setenta alunos tornaram-se discípulos seus.

Pafúncio

Nascido no início do quarto século, tornou-se monge sob a influência de *Abbas* Antônio, tendo vivido inicialmente num cenóbio. Mais tarde viveu como eremita. Por volta de 373 tornou-se sucessor do *Abbas* Isidoro, como sacerdote e "Pai" da *sketis*. Embora, segundo a tradição, não soubesse ler, tinha a graça da compreensão da Sagrada Escritura.

Poimen

Um dos mais importantes eremitas no deserto skético, também cognominado de "o Grande". Dele foram transmitidos, ao todo, mais de cento e oitenta apotegmas. Supõe-se que tenha falecido em 450 com a idade de 110 anos. Poimen é considerado santo em todas as igrejas ortodoxas e na Igreja Católica.

Sketis, deserto skético

Um dos centros nos quais os Pais do Deserto se instalaram: um vale desértico (*Wadi*) que, como prolongamento do Saara (Deserto da Líbia), fica a aproximadamente a 100km do sudeste da cidade portuária egípcia de Alexandria e a sudoeste do delta do Nilo.

Tentação (peirasmos)

O monge é tentado pelos *logismoi* para se deixar dominar por eles. A essência do monge é que ele é tentado. "Ser monge é ser tentado, e isso até o último suspiro; sem tentação, nenhuma salvação" (SCHWEIZER, 16: 548s.). Uma tentação recorrente é abandonar o *kellion* e retornar novamente ao mundo. Para alguns, a vida no *kellion* parecia ser muito dura. Mas os monges sabem:

se Deus lhes tirasse todas as tentações, também diminuiria sua determinação para a luta. Por isso, o monge se mantém fiel diante da tentação. Através das tentações ele é fortalecido na luta. *Abbas* Antônio diz: "Ninguém pode entrar no Reino dos Céus sem ter sido tentado. Tira as tentações, e ninguém encontrará salvação" (ANTONIOS, 5).

Thebais, deserto tebano

Antigo nome da região em torno da cidade egípcia de Tebas. Ali, no deserto de pedras da cidade, eremitas fixaram residência nos primórdios da era cristã.

Fontes

MILLER, B. *Apophthegmata Patrum* – Weisung der Väter. Trier, 1965 [Trad. de Bonifaz Miller].

SCHWEITZER, E. *Apophthegmata Patrum* – Teil I: Das Alphabetikon; Die alphabetisch-anonyme Reihe; Weisungen der Väter. Vol. 14. Beuron, 2012.

_____. *Apophthegmata Patrum* – Teil II: Die Anonyma; Weisungen der Väter. Vol. 15. Beuron, 2011.

_____. *Apophthegmata Patrum* – Teil III: Aus früheren Sammlungen; Weisungen der Väter. Vol. 16. Beuron, 2013.

• A edição de Bonifaz Miller, que traduziu o Alphabetikon, organiza os apotegmas alfabeticamente, segundo os nomes. O primeiro número refere-se aos ditos dos Pais correspondentes a cada Pai antigo em particular (Poimen 18 é, portanto, o 18° dito dos Pais sob Poimen. Apo 606 refere-se ao número total dos apotegmas, como indicado por Bonifaz Miller).

• Dados como Schweizer II e III se referem às edições correspondentes do autor indicado. Fontes, como as que o próprio Schweizer oferece, baseiam-se nas antigas coleções, indicações para as suas traduções.

• As vinhetas de Rallis Kopsidis foram extraídas com amável autorização da Editora do volume *Sprüche der Väter*, editado e traduzido por P. Bonifatius OSB (*Geist und Leben der Ostkirche* – Band III: Texte und Studien zur Kenntnis ostkirlicher Geistigkeit. Graz/Viena/Colônia: Verlag Styria, 1963.

Referências

BUNGE, G. *Akedia* – Die geistliche Lehre des Evagrios Pontikos vom Überdruss. 3. ed. Colônia, 1989.

HELL, D. *Die Sprache der Seele verstehen* – Die Wüstenväter als Therapeuten. 4. ed. Friburgo i. Br., 2015.

GRÜN, A. *Geistliche Begleitung bei den Wüstenvätern.* 9. ed. Münsterschwarzach, 2013 [Ed. brasileira: *A orientação espiritual dos Padres do Deserto.* Petrópolis: Vozes, 2013].

_____. *Der Weg durch die Wüste* – 40 Weisheitssprüche der Wüstenväter. 2. ed. Münsterschwarzach, 2013.

_____. *Der Umgang mit dem Bösen* – Der Dämonenkampf im alten Mönchtum. 14. ed. Münsterschwarzach, 2007 [Ed. brasileira: *Convivendo com o mal.* Petrópolis: Vozes 2003].

_____. *Der Himmel beginnt in dir* – Das Wissen der Wüstenväter für heute. 5. ed. Friburgo i. Br., 2000 [Ed. brasileira: *O céu começa em você.* Petrópolis: Vozes, 1998].

MERTON, T. *Die Weisheit der Wüste.* Frankfurt a. M., 1999.

RUPPERT, F. *Geistlich kämpfen lernen* – Benediktinische Lebenskunst für den Alltag. Münsterschwarzach, 2012.

ZIEGLER, G. *Frei werden* – Der geistliche Weg des Johannes Cassian. Münsterschwarzach, 2011.

JESUS PARA ESTRESSADOS
Imagens poderosas para superar o esgotamento
Anselm Grün

É cada vez maior o número de pessoas, atualmente, que sentem que o cansaço afeta negativamente seu dia a dia, tanto no trabalho quanto em suas relações sociais e familiares. Não raro, até mesmo atividades prazerosas e o tempo de descanso são tomados por uma situação de extenuante fadiga e esgotamento. Sentem-se, enfim, sobrecarregadas, consumidas e sem energias. Se esta é uma sensação constante ou frequente, pode tratar-se do chamado *burnout*, um esgotamento que paralisa e interrompe o fluxo de energia da alma e do corpo. Mas isso pode ter muitas causas e, por trás do estresse, podem estar determinadas imagens que bloqueiam nossa energia criativa, nossas forças e nosso prazer de viver. Podemos estar alimentando imagens doentias e equivocadas a respeito de nós mesmos e do que se espera de nós.

O autor dedica-se aqui a apresentar algumas das imagens poderosas que costumam bloquear o fluxo interno de energias criativas e transformá-las em imagens saudáveis para a alma e para o corpo, liberando as fontes vitais de inspiração, criatividade, satisfação e prazer de viver.

Anselm Grün é autor reconhecido no mundo inteiro por seus inúmeros livros publicados em mais de 28 línguas, o monge beneditino Anselm Grün, da Abadia de Münsterschwarzach (Alemanha), une a capacidade ímpar de falar de coisas profundas com simplicidade e expressar com palavras aquilo que as pessoas experimentam em seu coração. Procurado como palestrante e conselheiro na Alemanha e no estrangeiro, tornou-se ícone da espiritualidade e mestre do autoconhecimento em nossos dias. Tem dezenas de obras publicadas no Brasil.

MEU LIVRO DE ORAÇÕES

Anselm Grün

Autor reconhecido mundialmente por suas obras sobre espiritualidade e autoconhecimento, Anselm Grün traz nesta nova obra uma seleção de orações que são oriundas da tradição beneditina e outras que são próximas do espírito beneditino. O autor escreveu também orações inspiradas na experiência das instituições monásticas. Para os monges, oração significa: oferecer a Deus sua vida inteira, sua verdade mais íntima, para que o Espírito de Deus possa permear tudo em nós, e nos transformar.

Segundo Grün: "Na oração, ofereço a Deus os meus sentimentos, as minhas afeições, os meus medos, para que, através deles, eu possa sentir Deus como o fundo mais recôndito da minha alma e onde encontro tranquilidade. Bento significa: 'o abençoado'. Orar, para São Bento, significa também colocar tudo sob a bênção de Deus: a mim mesmo, as pessoas e a realidade deste mundo, para que possamos vivenciar que tudo pode vir a ser uma bênção para nós e que nós mesmos somos uma bênção para as pessoas. O objetivo de orar, pedir, louvar e abençoar é que Deus seja glorificado em tudo".

Anselm Grün *é autor reconhecido no mundo inteiro por seus inúmeros livros publicados em mais de 28 línguas, o monge beneditino, da Abadia de Münsterschwarzach (Alemanha), une a capacidade ímpar de falar de coisas profundas com simplicidade e expressar com palavras aquilo que as pessoas experimentam em seu coração. Procurado como palestrante e conselheiro na Alemanha e no estrangeiro, tornou-se ícone da espiritualidade e mestre do autoconhecimento em nossos dias. Tem dezenas de obras publicadas no Brasil.*

Conecte-se conosco:

- **f** facebook.com/editoravozes
- **@** @editoravozes
- **X** @editora_vozes
- **▶** youtube.com/editoravozes
- **☎** +55 24 2233-9033

www.vozes.com.br

Conheça nossas lojas:

www.livrariavozes.com.br

Belo Horizonte – Brasília – Campinas – Cuiabá – Curitiba
Fortaleza – Juiz de Fora – Petrópolis – Recife – São Paulo

 *Vozes de Bolso*

EDITORA VOZES LTDA.
Rua Frei Luís, 100 – Centro – Cep 25689-900 – Petrópolis, RJ
Tel.: (24) 2233-9000 – E-mail: vendas@vozes.com.br